世界沈没

SUBMERSION OF OUR WORLD

―地球最後の日

2019年X月X日に起きること　資本主義と国家そのものが消える!!

浅井隆

第二海援隊

プロローグ

明日にも私たちを襲うかもしれない〝大惨事〟

あなたの日常生活がある出来事をキッカケとして、突然すべて失われる。ましてや、命の次に大切なあなたの子供が目の前でジワジワと時間をかけて餓死していく。そして、あなた自身も食べる物もなく、恐ろしくて鏡をのぞくことができない。なぜならば、いつ死ぬかわからないほどガリガリにやせ細っているからだ。しかも、家の外では暴動が頻発し略奪の限りが尽くされる――ＳＦ映画の中にも出てこないような、こんな信じがたい光景が明日にもやってきそうなのだ。

その原因の正体は「カンピ・フレグレイ」。一体、何のことか。何かとんでもない人喰いバクテリアか。それとも、中国人民解放軍が極秘に開発した人類絶滅兵器か。

イタリアの風光明媚な港町ナポリの東に、あの「ヴェスヴィオ火山」がそび

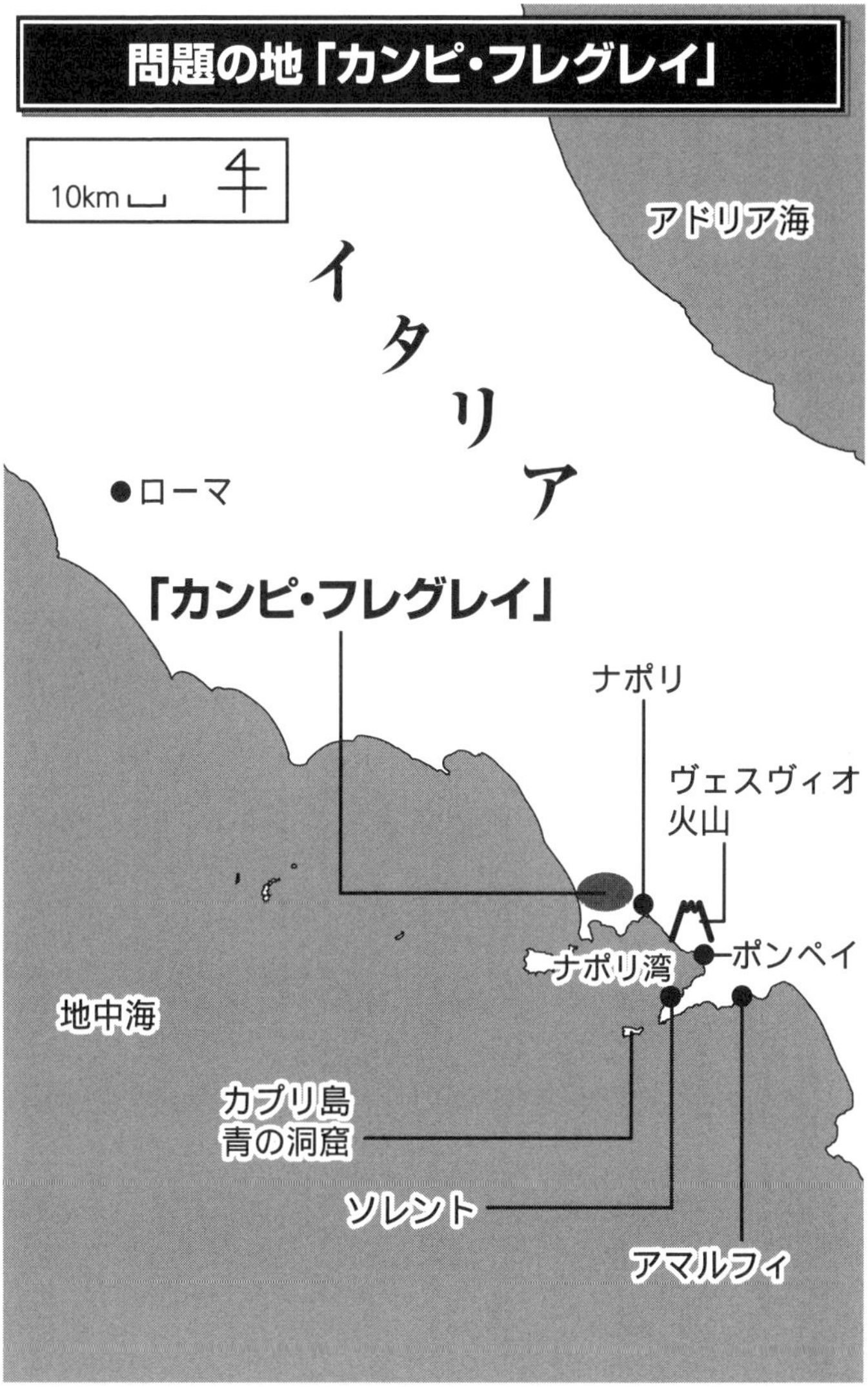
問題の地「カンピ・フレグレイ」
10km
イタリア
アドリア海
ローマ
「カンピ・フレグレイ」
ナポリ
ヴェスヴィオ
火山
ポンペイ
ナポリ湾
地中海
カプリ島
青の洞窟
ソレント
アマルフィ

え立っている。二〇〇〇年近く前のローマ帝国時代にポンペイを一瞬で亡ぼしたこの不気味な火山は、実はまだ死火山にはなっていない。そして逆にナポリから西へ少し進むと、不思議な形をした平野にたどりつく。それこそ「カンピ・フレグレイ」なのだ。実は、ここに今でも巨大なカルデラ（火山中央部が陥没してできた広い平野。阿蘇山もその一つ）が存在するが、これが明日にでも大噴火を起こしそうなことが最近判明したのである。

二、三年前に頂上付近が噴火して登山客らが五八人も死亡した大惨事が長野と岐阜の県境にある御嶽山で発生したが、このカンピ・フレグレイの場合は規模がケタ違いなのだ。御嶽山の二〇一四年九月の噴火の数億倍、あるいは数兆倍の規模となり、想像を絶する被害をもたらす可能性があるのだ。

直近でいうと、この「カンピ・フレグレイ」は一万四〇〇〇年前と約四万年前に大噴火を起こしているが、約四万年前の噴火があのネアンデルタール人を絶滅させたと言われている。それに近い災害が発生した場合、七〇億人にまで増えた人類に致命的な被害が襲いかかることは、ほぼ間違いない。

「カンピ・フレグレイ」が大噴火した場合のイメージ。
画像提供 mppriv（Thinkstock）

二〇一六年一二月、世界一権威のある科学専門誌『ネイチャー』のインターネット版である『ネイチャー・コミュニケーションズ』に、それに関する衝撃的な論文が掲載された。そしてその情報は瞬く間に世界中に伝わり、専門家らを震撼《しんかん》させた。つまり、この巨大カルデラの地下にすでに限界を超えるマグマが溜まっており、周辺では地震が頻発しているだけではなく、隆起さえ始まっているのだ。

もし「カンピ・フレグレイ」が大爆発した場合、イタリアでは火山から大量発生する毒ガスと火砕流で数百万人が死亡、バチカンもローマ法王ごと消滅。ヨーロッパは真っ暗になり、ＥＵは壊滅。やがて地球全体に火山灰が拡散し、「火山の冬」がやってくる。食料は一年以内に底をつき、暴動、革命、戦争、食料の奪い合いが世界中で巻き起こる。原油価格の暴騰、国家破産、円の紙キレ化、疫病のまん延、気温の低下といった経済的、社会的パニックが日本を襲う。人々は町中を徘徊し、カエル、カラス、ネズミ、ゴキブリも食べ尽くされ、ダイエットなど昔話となる……。

専門家によると最大級の噴火の場合、良くて人類は一〇分の一となり（七〇億人が七億人に）、最悪の場合、人類絶滅の事態もありうるという。それが、まもなくやってくるのだ。

ポンペイは前兆にすぎなかった。二年後に迫り来る地球最後の日！　著者自らも自宅を大改造し、サバイバルハウスを建設する予定だ。

あなたは生き残ることができるのか。まずは、本書をすべて読み終えてから一緒に考えることにしよう。

二〇一七年三月吉日

浅井　隆

世界沈没――目次

第二章　人類の歴史は飢餓の歴史

第三章　天災と経済

第四章　今後、想定されること

第一章　世界を一変させる巨大噴火

一瞬にして消滅したポンペイの町

初めに一枚の絵をご覧いただこう。これは、イギリスを代表するロマン主義の巨匠、「ウィリアム・ターナー」が描いた「ヴェスヴィオ火山の噴火」という作品である。西暦七九年八月二四日、このヴェスヴィオ火山が大噴火を起こした。大量の火山灰に加え、翌日には火砕流が発生し、約二万人にのぼる人口を抱え大いに栄えた古代都市ポンペイは、一夜にして地中に埋まった。この大災害により二〇〇〇人もの人々の命が失われた。

近年の発掘により、当時の建造物や壁画、美術品、工芸品、食器など、ローマ時代の貴重な遺品が次々に発見された。これらの発掘物の保存状態は全般に良好であった。数メートルもの厚さで町を埋め尽くした火山灰がいわば天然の乾燥剤の役割を果たし、遺品を湿気から守り劣化を防いだという。そのため、遺跡には大きな門や神殿、市場、円形競技場、劇場、プール、売春宿、広場、

「ヴェスヴィオ火山の噴火」J.M.W. ターナー
（1817　イェール・センター・オブ・ブリティッシュアート蔵）

公衆浴場、トイレ、家屋、様々な店などがほぼ二〇〇〇年前のままの姿で存在する。上下水道も整備され、道路は車道と歩道が区分されていて、横断歩道まで設けられている。

遺跡には、火砕流に飲み込まれたポンペイの人々のいくつもの石膏像が残されている。互いに寄り添い、抱き合うように横たわる家族や恋人の姿、母親のもとに駆け寄ろうとしたと思われる子供の姿、子供に覆いかぶさり守ろうとした母親の姿、もがき苦しむ飼い犬の姿がリアルに再現されている。しかも、これは芸術家のイマジネーションにより創作された芸術作品ではない。火砕流に飲み込まれ、火山灰に埋もれたポンペイの人々の遺体はやがて風化、消失し、そこには空洞だけが残った。その空洞に石膏を流し込み、型をとることで再現されたものだ。そのあまりの生々しさは多くの人々にショックを与え、ヴェスヴィオ火山噴火の悲劇を現在に至るまで伝えている。このポンペイ遺跡は当然、世界遺産に登録されており、世界中から多くの観光客が訪れる。

その後もヴェスヴィオ火山は数十回の大噴火を繰り返してきた。最後に発生した大噴火は、一九四四年三月である。そして、ナポリ大学の火山学者クラウディオ・スカルパティ氏は、ヴェスヴィオ火山が再び大噴火する可能性について言及している。彼は「ヴェスヴィオは世界で最も危険な火山のひとつ。今も活発な活動を続けており、噴火した場合は六〇万人が犠牲になるかもしれない」（ＡＦＰ ＢＢ Ｎｅｗｓ二〇〇九年四月二七日付）と警告している。

恐るべき火砕流の脅威

火砕流というものをよく知らないという人は、このポンペイの悲劇に疑問を抱くかもしれない。「なぜ、人々は逃げなかったのか？」と。当然のことながら、当時の人々は（何かしらの理由で）逃げなかったのではなく、「逃げられなかった」のである。

火砕流とは、噴火によって火口から噴出した火山灰や軽石、岩などが火山ガスと混合し、山の斜面を一気に流れ下りる現象である。火砕流の温度は数百度に達し、流下速度は時速一〇〇キロメートルを超えることも珍しくない。数百度に達する超高温の塊が時速一〇〇キロメートルものスピードで襲いかかってきたら、逃げられるわけがない。自動車でさえ、一般道路を時速一〇〇キロメートル以上の速度を保って走り続けるのは難しい。気象庁もホームページ上で「火砕流から身を守ることは不可能で、噴火警報等を活用した事前の避難が必要」というコメントを掲載している。

現代の私たち日本人が火砕流の恐怖を思い知ったのは、一九九一年六月三日に発生した雲仙普賢岳の火砕流だろう。噴煙を上げながら山麓に迫り来る巨大な火砕流を背にして、ビデオカメラに向かって逃げて来る一人の消防団員と一台の消防車の映像は、これまで幾度となくテレビで放映された。この映像をご記憶の方も多いだろう。この火砕流は四三名の死者・行方不明者を出す大惨事となった。犠牲者のうち、もっとも多かったのは報道関係者で一六人、次いで消防団員が一二名を占める。一九九〇年一一月以降、数度の噴火を繰り返し、一九九一年五月には数度の土石流が発生していたこともあり、報道各社は現地で取材・撮影を行なっていた。報道関係者は緊急時には直ちに逃げられるよう、社用車やタクシーを用意し、避難する方向に車を向けエンジンをかけたまま待機していたという。それでも、逃げられなかったのだ。

雲仙普賢岳では、噴火活動が本格化した一九九一年以降、活動がほぼ終息するまでの五年間で実に約九四〇〇回もの火砕流が発生した。

火山の噴火はある日突然、私たちに襲いかかり、人々の命を奪い、あるいはその生活を容赦なく破壊する恐ろしい自然災害だ。いや、火山噴火の脅威はそれだけにとどまらない。歴史を振り返ると、ヴェスヴィオ火山や雲仙普賢岳の噴火とはまったく比べものにならないほど、とてつもなく巨大な噴火が起きている。それらの噴火は、時に地球環境を激変させ、飢餓や戦争、革命を引き起こし、さらには人類を滅亡の危機に追いやったことさえあるのだ。

その破壊力や影響力のすさまじさは、私たちの想像をはるかに凌ぐ。そう、巨大な火山噴火は世界をも一変させるのだ。

そのようなメガトン級の火山噴火の事例を見ていこう。

世界有数の火山国——アイスランド

二〇一〇年四月、私はそのニュースをシンガポールにある高層ホテルの一室で聞いた。室内のラジオでクラシック音楽を聞いていた私の耳に突然、臨時ニュースが飛び込んできた。チャンギ空港発の欧州方面の便がすべて欠航しているというのだ。一瞬、私はテロでも起きたのかと思った。しかしその直後、「アイスランド」と「ヴォルケーノ」という二つの単語により私は事態を悟った。アイスランドの火山が噴火したのだ。

噴火したのはアイスランドの南部にあるエイヤフィヤトラヨークトル火山である。大量の火山灰が放出され、噴煙は最大で高度一一キロメートルに達した。噴出された火山灰がヨーロッパ上空に広く拡散、滞留したため、航空機は連日数万便が欠航となり、ヨーロッパ各国で交通網は大混乱に陥った。

ニュースを聞いた私は、嫌な予感がした。アイスランドと言えば、世界有数の火山国だ。エイヤフィヤトラヨークトル火山のすぐ近くには、アイスランドでもっとも危険な火山と言われるカトラ火山がある。カトラ火山をはじめ、別の火山の噴火を誘発しなければ良いのだが……そう思ったのだ。

実はアイスランドには一八世紀にラキ火山が巨大噴火を起こし、同国に壊滅的な被害をもたらした歴史がある。

ラキ火山噴火がもたらしたアイスランドの壊滅的被害

一七八三年六月八日、アイスランド南部にあるラキ火山が大噴火した。地下水がマグマに触れて水蒸気爆発を起こしたのである。単一の火口ではなく、地表の割れ目から溶岩を噴出する「線状噴火」であった。長さは二五キロメートルにわたり、一四〇もの火口が新たに生まれた。粘り気の少ない溶岩が火口から噴水のように空中高く噴き上げられる「溶岩噴泉」は、推定で高さ八〇〇～一四〇〇メートルに達した。熔岩の噴出は五ヵ月、噴火自体は八ヵ月にわたり続いた。一四立方キロメートルの溶岩に加え、近郊のグリムスヴォトン火山の噴火も重なったことで、一億二〇〇〇万トンの硫黄酸化物と八〇〇万トンのフッ素化合物が噴出した。

ラキ火山の噴火はアイスランドに壊滅的な被害をもたらした。流れ出した溶岩が山腹の氷河を解かしたため洪水が下流域の集落を襲い、二一の村が壊滅し二四一人が命を落とした。噴煙は高緯度に位置するため、ただでさえ夏の短いアイスランドの日照を遮った。日照不足は農作物をほぼ全滅させた。餌の極度の不足に加え、噴出したフッ素化合物が骨や歯にダメージを与えたこともあり、家畜がバタバタと倒れていった。牛は五割、馬も五割、羊に至っては八割が死んだ。家畜の激減により、肉や乳製品の入手が困難になった。また羊毛が不足したため、セーターをはじめ防寒に欠かせない服の製造が激減した。

また、漁業にも深刻な影響をおよぼした。噴煙による濃い靄により出漁もままならなかった。食糧不足は深刻を極めた。容赦のない飢えと寒さにより、九三〇〇人もの人々が餓死した。アイスランドの全人口の約二四％が失われた。

ラキ火山の噴煙によりイギリスだけで死者二万三〇〇〇人

ラキ火山噴火の影響はアイスランドにとどまらず、ヨーロッパを中心に世界各国・地域におよんだ。実は、ラキ火山の噴火の爆発規模はかなり大きいものであった。

火山の爆発の大きさを示す指標に、「火山爆発指数」（ＶＥＩ）というものがある。ＶＥＩは０から８まで区分され、ＶＥＩの値が大きいほど爆発規模が大きいことを示す。噴出物の量で区分され、ＶＥＩの値が１上がるごとに噴出物の量は一〇倍になる（ただしＶＥＩ１とＶＥＩ２の間については、噴出物の量に一〇〇倍の差がつけられている）。ＶＥＩ０が非爆発的な噴火、１が小規模噴火、２が中規模噴火、３がやや大規模噴火、４が大規模噴火、５と６が巨大噴火、７と８が超巨大噴火とされる。

そして、この時のラキ火山の噴火はＶＥＩ６と評価される巨大噴火であった。

過去10万年の主な火山噴火①

約7万4,000年前 VEI 8の超巨大噴火	**トバ火山** （インドネシア）
寒冷化により多くの生物が絶滅。 数百万人程度いた人類は1万〜1万5,000人にまで激減。	

約4万年前 VEI 7の超巨大噴火	**カンピ・フレグレイ** （イタリア）
ヨーロッパ大陸において過去20万年間で最大の規模の噴火。ネアンデルタール人の絶滅に関わっている可能性。	

約7,300年前 VEI 7の超巨大噴火	**鬼界カルデラ** （日本）
噴出量170km^3。火砕流が海をわたり、大隅諸島から九州南部にかけて多くの森林を焼き尽くす。 南九州における縄文文化が壊滅。	

紀元前1628年 VEI 7の超巨大噴火	**サントリーニ島** （ギリシャ）
高さ30数kmに達する噴煙と、 高さ30m超の大津波によりクレタ文明が壊滅。	

過去10万年の主な火山噴火②

79年 VEI 5の巨大噴火	ヴェスヴィオ山 （イタリア）
火山灰と火砕流によりポンペイが埋没。	

915年 VEI 5の巨大噴火	十和田湖 （日本）
過去2000年間に日本国内で起きた最大規模の噴火。火砕流が周囲20kmを焼き払う。	

1600年 VEI 7の超巨大噴火	ワイナプチナ （ペルー）
南アメリカでは過去最大の火山噴火。 30km^{3}の火山灰を噴出し、世界各地に寒冷化をもたらす。	

1783年 VEI 6の巨大噴火	ラキ火山 （アイスランド）
1億2,000万トンの硫黄酸化物を噴出。アイスランドで全人口の24%が失われるなど壊滅的被害。寒冷化による食糧不足からフランス革命の遠因になったと言われる。	

過去10万年の主な火山噴火③

1783年 VEI 4の大規模噴火	**浅間山** （日本）
火砕流などにより1,443名が死亡。 火山灰と冷害により大凶作となり、約100万人が餓死。	

1815年 VEI 7の超巨大噴火	**タンボラ山** （インドネシア）
世界各地に異常気象をもたらし、火砕流、飢餓、疫病などで11万7,000人が犠牲となる。	

1883年 VEI 7の超巨大噴火	**クラカタウ山** （インドネシア）
噴出量25km^3。噴火の爆発音は4,000km以上離れた島にまで達する。 犠牲者数は3万6,000人以上。	

1902年 VEI 4の大規模噴火	**プレー山** （西インド諸島）
火砕流によりサン・ピエール市が全滅し、 約3万人が死亡。	

過去10万年の主な火山噴火④

1980年 VEI 5の巨大噴火	**セントヘレンズ山** （アメリカ）
広島型原爆2万7,000個分に相当するエネルギーが放出された。山体崩壊により山の標高は400m減少。岩屑なだれが発生し、57人が犠牲になった。	

1991年 VEI 4の大規模噴火	**雲仙岳** （日本）
火砕流などで43名が犠牲となる。	

1991年 VEI 6の巨大噴火	**ピナトゥボ火山** （フィリピン）
20世紀最大級の噴火。噴出量10km^3。 噴火により山の標高は259m低くなった。	

ちなみに、一九九一年の雲仙普賢岳の噴火はＶＥＩ４に区分される。また、七九年のヴェスヴィオ火山の噴火がＶＥＩ５である。

噴火により放出された一億二〇〇〇万トンもの硫黄酸化物は、ヨーロッパ全域に拡散した。実は一七八三年の夏は記録的な猛暑で、アイスランド上空は巨大な高気圧に覆われ、南東の風が吹いていた。有毒な硫黄酸化物は風に乗り、ノルウェー、ボヘミア（現在のチェコ）、ドイツ、フランス、そして噴火から約二週間後の六月二三日にはイギリスに達した。ヨーロッパ全域で、多くの人々が硫黄酸化物を吸い込んで呼吸困難に陥り死亡した。屋外労働者をはじめ、イギリスだけで二万三〇〇〇人が中毒死したと推定されている。

火山噴火がもたらす異常気象

ラキ火山の噴火とほぼ時を同じくして、日本では浅間山が噴火した。この「天明の大噴火」（ＶＥＩ４）では、一瞬にして火砕流にのみ込まれて人口の約八割が死亡した鎌原村《かんばら》をはじめ、甚大な被害が生じた。噴煙は空高く立ち昇り、浅間山山麓に降り積もった火山灰は厚さ二メートルにもなった。

当時はラキ火山、浅間山以外にも世界中で多くの火山が噴火したが、これらの噴火により大気中に膨大な量の火山灰が放出された。その結果、世界は異常気象に巻き込まれた。上空を漂う火山灰は太陽光線を遮り、いわゆる「日傘効果」により地上の気温を低下させる。

実は一三〇〇年頃から一八五〇年頃までは、世界は「小氷期」と呼ばれる寒冷期にあった。太陽活動の低下に加え、火山活動の活発化も原因と言われる。

そのような状況の中で、一七八三年にはラキ火山と浅間山の大噴火が重なり、寒冷化に拍車をかけた。実際、ラキ火山と浅間山が噴火した一七八三年は、夏の猛暑が終わると、今度は一転して厳しい寒波に見舞われた。それから一七八五年までは特に寒冷な時期であったという。このことからも、浮遊する火山灰による日照の減少が寒冷化に大きく影響することが窺える。この期間は各地で冷夏に見舞われ、気温が平年を大きく下回った。パリでは一七八四年四月の平均気温が七・一度にとどまり、前年に比べ四・五度も低かった。

この寒波により、ラキ火山噴火によるイギリスの死者数はさらに八〇〇〇人増加したと推定されている。また、ドイツなど中部ヨーロッパでは集中豪雨に見舞われ、洪水が発生し多数の犠牲者が出た。寒波の影響は北アメリカ大陸にもおよんだ。一七八四年の冬は気温が著しく低下し、雪雲が発達、ニューオーリンズではミシシッピ川が凍り、メキシコ湾には氷が浮かんだという。

これらの異常気象は当然、農業に大打撃を与えた。フランスでは小麦が凶作となり、一七八五年から数年間にわたり深刻な食糧不足が発生した。日本では、浅間山とラキ火山の噴火に加えエルニーニョ現象の影響もあり冷害が発生、深刻な飢饉に見舞われた。「天明の大飢饉」と呼ばれるこの飢饉は、江戸三大飢饉の一つに数えられ飢餓や疫病などで一七八〇年～八六年の間に全国で九〇万人前後の人口が減ったという。

飢饉は世界的に広がりを見せ、一七八三年以降一九世紀初頭にかけ、日本やフランス以外にもエジプト、チュニジア、エチオピア、インド、アイルランドなどで次々に大規模な飢饉が発生した。

暴動の多発からフランス革命へ

火山の噴火は時に歴史をも大きく変える。実際、ラキ火山をはじめとする大規模な噴火は、フランスの歴史を大きく変えた。にわかには信じがたい話ではあるが、ラキ火山の噴火が大きな原因となり、あのフランス革命が起きたと言われているのだ。なぜ、噴火が革命につながるのか？　フランス革命について詳しくは第三章で述べるが、本章で当時の状況を振り返ってみよう。

ラキ火山などの噴火による寒冷化でフランスでは小麦が凶作となり、その後の数年間、食糧不足に見舞われたことはすでに述べた。当然、小麦価格は高騰し、それは食糧価格にも波及する。一七六一年から一七八八年にかけて、パンの価格は七倍に高騰した。パンが値上がりするたびに、生活に窮した人々によるパン屋の襲撃や暴動が多発した。一七七五年には「小麦粉戦争」と呼ばれる食糧暴動が発生した。当時は農業生産性がまだまだ低く、異常気象は食糧の不足と価格高騰に直結しやすかったのである。

当時、フランスでは全人口の八割を農民が占め、九割以上が農村に居住していたという。飢饉により食えなくなった農民の一部は都市へと流れ、臨時雇いなどの仕事に就いたが生活は楽になるはずもなかった。浮浪者になることを余儀なくされる者も多く、スラムが形成され、それらも暴動の温床となった。

噴火による寒冷化が凶作をもたらし、食糧不足から食糧価格を高騰させたのだが、食糧不足、食糧価格高騰の原因は他にもある。厳しい寒波によりセーヌ川などの河川が凍結し、製粉用水車が運転不能に陥ったことも挙げられる。

また、政府がパリ周辺の農村に対し、生産した穀物をパリに搬入することを義務付けるなど、厳重な食糧統制を実施したことも原因の一つだ。これらが食糧不足に拍車をかけ、パンの価格をますます高騰させた。特にフランス革命の直前には、値上がりは激しさを増した。

一七八八年になると、事態はいよいよ深刻を極めた。春には深刻な干ばつが広がり、夏には猛烈な嵐が発生したため、農作物に甚大な被害が生じた。小麦については、収穫量が平年の二割にとどまる惨状であった。さらに、同年末から翌年にかけては、異常な寒波に見舞われた。

各地で浮浪者が溢れ、空腹に耐えかねた人々を食糧の略奪や暴動へと駆り立てた。食糧略奪の対象は食糧品店にとどまらなかった。倉庫から小麦粉を略奪する者、民家から食べ物を盗む者もいた。

当時のフランスは、戦争に伴う出費や宮廷の浪費などで財政が著しく悪化していた。そこに追い打ちをかけたのがラキ火山などの噴火であった。噴火が引き起こした飢饉により多くの国民が困窮した結果、国庫収入は激減し、財政はますます悪化した。ルイ一六世が財政改革に取り組む中、聖職者や貴族ら特権階級と平民との間で、課税や議会の議決方法などをめぐり対立が深まった。

そのような中、平民に人気のあったジャック・ネッケルが解任されたことで民衆の怒りに火がついた。そして一七八九年七月一四日、群衆がバスティーユ監獄を襲撃し、これを契機に争乱はフランス全土に波及、フランス革命へと発展していったのである。

ただ、多くの国民にとっては、革命などどうでもよいことだったのかもしれない。食糧不足により多くの国民が飢えていた。革命の契機となったバスティーユ監獄襲撃から三ヵ月経った一〇月五日、パリでは武器を持った主婦たちが市庁舎前の広場に集まった。そして、総勢二万人に膨れ上がった民衆はベルサイユ宮殿に向かった。一部は暴徒化し宮殿内に侵入したが、王や王妃を殺すことはなかった。彼らが要求したのは、パンであった。

そういう意味では、火山、特にラキ火山の噴火がなければ、フランス革命があの時期にああいう形で起きることはなかったかもしれない。火山噴火は、歴史をもがらりと塗り替えるのだ。

インドネシアの火山の噴火で世界中が異常気象に

その後、一八一五年にはインドネシアのタンボラ山が噴火した。この噴火は、記録に残る過去二世紀の噴火の中で最大規模のものであった。

その規模はＶＥＩ７という超巨大噴火であった。噴火により山頂は吹き飛び、三九〇〇メートルあった標高は二八五一メートルまで低くなった。跡には直径六キロメートル、深さ一・三キロメートルもの巨大な火口が生まれた。爆発音は一七五〇キロメートル離れた地点で聞こえたというから、そのすさまじさは想像を絶する。噴出物の総量は一七〇〇億トンと推定され、半径約一〇〇〇キロメートルの範囲に火山灰が降り注いだ。五〇〇キロメートルも離れたマドゥラ島では、火山灰によって三日間も真っ暗になったという。

その被害は甚大であった。ジャワ島やバリ島など、周辺のいくつもの島々が一瞬にして壊滅した。噴火による死者は一万人、その後の飢饉や疫病によるものを含めると、推定で一一万七〇〇〇人もの人々が犠牲になったという。

この超巨大噴火により、世界的に気温が一・七度も低下し、世界各地で異常気象が急増した。その影響は、タンボラ山から遠く離れたアメリカ北東部にも顕著に表れた。噴火から二ヵ月後の六月には、早くも最初の寒波が襲った。翌七月の大寒波により各地で気温がマイナスになり、霜や雪が降った。ペンシルベニア州では、夏に湖や川が凍結した。異常な低温はその後も続き、一八一六年は「夏のない年」と言われた。一八一七年の冬の寒さは特に厳しく、ニューヨーク湾が凍結したという。

異常気象により世界各地で農作物の不作が続き、食糧価格は高騰、飢饉と疫病が蔓延した。特にスイスでは相当深刻な飢饉となり、犯罪や暴動が多発し、政府が非常事態宣言を出す事態となった。餓死者が続出し、一八一六年の死亡率は平年の二倍に達した。子供に食べ物を与えられなくなった母親の中には、飢えに苦しむわが子を自ら殺す者もいたという。彼女たちは、苦しみながら死んでいくわが子を見るのが耐えられなかったのだ。

トバ火山の超巨大噴火

巨大噴火は周辺で暮らす人々の命を一瞬にして呑み込む。それだけでなく、世界中に異常気象をもたらし、飢餓や疫病を蔓延させ、多くの人々の命を容赦なく奪う。体験したことのない者にとって、巨大噴火の恐ろしさは完全に想像を超えていたに違いない。

しかし、歴史をさらに遡ると、これらの巨大噴火を大きく上回るとんでもない規模の噴火が起きている。七万四〇〇〇年前にインドネシアで起きたトバ火山の噴火である。その規模、影響力の大きさは、同じくインドネシアで一八一五年に起きたタンボラ山の超巨大噴火とも比較にならない。

インドネシアのスマトラ島北部にトバ湖という世界最大のカルデラ湖がある。トバ湖は八四万年前、五〇万年前、そして七万四〇〇〇年前と過去三回の超巨大噴火によって形成されたと考えられている。超巨大噴火が火口を陥没させカルデラを形成、その後のマグマの上昇により湖内にサモシール島という大きな島ができた。そして、過去三回の超巨大噴火のうち、七万四〇〇〇年前の噴火は人類史にとてつもなく大きな影響を与えたと考えられている。

七万四〇〇〇年前のトバ火山噴火の規模は、なんとＶＥＩ８である。つまり、

「火山爆発指数」（ＶＥＩ）で最大級の超巨大噴火ということだ。その噴出物はなんと二〇〇〇～三〇〇〇立方キロメートルと推定され、他の巨大噴火と比べてもケタ違いである。火山灰は世界各地に降り積もり、インドやパキスタン、中国南部などで数センチの厚さの火山灰の層が見つかり、さらには遠くグリーンランドの氷床コアにもこの時の噴火のものと見られる火山灰が封じ込まれていたという。

絶滅寸前まで追い込まれた現生人類

この超巨大噴火は、「火山の冬」と呼ばれる寒冷化現象をもたらした。噴き上げられた大量の火山灰が太陽光線を遮り、噴火後の地球の平均気温は三～五度も低下したという。日本列島は大陸と地続きになり、万年雪の境界線は現在よりも三〇〇〇メートルも下がっていたという。また、低緯度地帯では寒冷化に加えて乾燥化も進んだため、広範囲で森林が消失した。

その後も気候は断続的に寒冷化を繰り返し、地球は「ヴュルム氷期」と呼ばれる最後の氷期に突入した。

このような気候の大変動により、多くの生物が絶滅し、あるいは絶滅の危機に追い込まれた。それは人類も例外ではなかった。ヒト属の一種であるホモ・エルガステルやホモ・エレクトゥスなどは絶滅した。現生人類もまた、絶滅寸前に追い込まれた。

米イリノイ大学のスタンレー・アンブローズ教授が一九九八年に発表した「トバ・カタストロフ理論」によると、数百万人程度いた人類はトバ火山の噴火で一万〜一万五〇〇〇人にまで激減したという。現在の人類の総人口が七〇億人と多い割に、その遺伝的特徴は均質である。遺伝子の解析によれば、現生人類は極めて少数の祖先から進化したと考えられるという。つまり、トバ火山の噴火により人類の数が激減したことで、遺伝子の多様性が急減したというわけだ。これは「ボトルネック効果」と呼ばれ、このボトルネックを潜り抜けたのは現生人類、ネアンデルタール人、フロレシエンシス人などごく一握りであった。もちろん、最終的に現代まで生き残ったのは、私たち現生人類だけである。

衣服の発明が人類を救った

ところで、現生人類はなぜ、寒冷化した過酷な環境を生き残ることができたのだろうか？　ドイツの進化人類学者マーク・ストーンキング氏は、人類が衣服を発明したことがその大きな要因と考える。

その根拠となったのがシラミの進化である。人間に寄生するヒトジラミには、頭髪に寄生する「アタマジラミ」と衣服に寄宿する「コロモジラミ」の二つの亜種がある。私たちの祖先が裸で暮らしていた時代は、アタマジラミのみが体毛に寄生していたと考えられるが、衣服を身に着けるようになるとコロモジラミが出現したと考えられる。

ストーンキング氏がヒトジラミの遺伝子を調べた結果、アタマジラミからコロモジラミが分化した時期が約七万年前であることがわかった。つまり、人類は約七万年前に衣服を身に着けるようになったと考えられる。そこで、七万四〇〇〇年前のトバ火山噴火後の寒冷化した環境を生き抜くために、人類は衣服を発明したと推定されるわけだ。現生人類は、衣服を身に着けることで厳しい寒さをしのぎ、生き残ることができたのである。

超巨大噴火の時を待つトバ火山

その後、トバ火山では大きな噴火は発生しておらず、不気味な沈黙を続けている。しかし、スマトラ島の西岸には二〇〇〇キロメートル近くにわたる大規模な「スマトラ断層」が存在する。二〇〇四年一二月二六日には「スマトラ島沖地震」が起きている。スマトラ島北西沖を震源とするマグニチュード九・一の超巨大地震が発生し、直後の大津波などにより二二万人もの人々が亡くなった。その後も二〇〇五年、二〇〇七年、二〇〇九年、二〇一〇年、二〇一二年、二〇一六年とマグニチュード七〜八クラスの地震が頻繁に起きている。

頻発する巨大地震により、地下には膨大な量のマグマが溜まり続けているはずだ。実はトバ湖周辺の地下には、スマトラ断層の形状から巨大な空間があるという。そこに大量のマグマを溜めることができるため、頻繁に噴火はしないものの、ひとたび噴火すると他の火山噴火とは比べものにならないほど大規模な噴火になると考えられている。

つまり、トバ火山はいつかは超巨大噴火を起こす可能性が高いということだ。もちろん、それはいつなのかはわからない。私たちが生きている間には起こらないかもしれない。しかし、いつ起きても不思議ではないのも事実だ。

二〇〇五年には豪州モナシュ大学のレイ・キャス教授が、トバ火山の超巨大噴火の可能性について警告している。キャス教授によると、二〇〇四年と二〇〇五年にスマトラ島沖で起きた大地震により、地震学的な圧迫が加えられているため、噴火が早まる可能性があるというのだ。スマトラ島沖では、その後も大地震が頻発しているのはすでに述べた。超巨大噴火を引き起こすマグマは、今も刻々と増え続けているのだ。

九州を壊滅させた「鬼界カルデラの噴火」

日本においても、歴史を一瞬で塗り替えるような巨大噴火が起こっている。それが「鬼界カルデラの噴火」だ。鬼界カルデラは鹿児島県の薩摩半島の沖約五〇キロメートルの海底にあるカルデラだ。この鬼界カルデラが約七三〇〇年前に巨大噴火を起こした。縄文時代初期のことである。噴出量は一七〇立方キロメートルで、噴火の規模は一九九一年六月の雲仙普賢岳の約一〇〇倍というから驚く。噴煙柱は高さ三〇キロメートルまで噴き上がり、火砕流は時速一〇〇キロメートルを超える速度で海を渡り、種子島や屋久島などを次々に焼き尽くし、薩摩半島にまで達したという。その規模は雲仙普賢岳の一回の火砕流の数十万倍に相当するというから想像を絶する。

大量の火山灰は九州南部を中心に、東北地方にまで降り注いだ。海底火山の噴火であったため、海水を含んだ粘度の高い火山灰が、火砕流による焼失を免れた森林に大きなダメージを与えた。
　こうして、大隅諸島から九州南部にかけての豊かな森林は火砕流に焼き尽くされ、火山灰に埋め尽くされた。その後、植生の回復には五〇〇〇年以上の年月を要したという。鬼界カルデラの噴火により、南九州の縄文人の多くが命を落とし、彼らが築き上げた独特の縄文文化も壊滅した。その後、南九州は約一〇〇〇年もの間、無人の地になったという。そして今、この鬼界カルデラの噴火が懸念されている。『神戸新聞ＮＥＸＴ』に掲載された記事は衝撃的だ。

　神戸大学海洋底探査センター（神戸市東灘区）は一八日、九州南方の海底に広がるくぼみ「鬼界（きかい）カルデラ」を調べた結果、熱くて濁った水が海底から湧き出る「熱水プルーム」を五カ所で確認した、と発表した。海底からの高さは最大約一〇〇メートルに上る。現時点では噴火予測はできないが、カルデラ直下のマグマが活動的であることを示しているという。

（神戸新聞ＮＥＸＴ二〇一六年一一月一八日付）

さらに、同センター長の巽好幸教授の見解が次のように掲載されている。

巽教授によると、こうした超巨大噴火は日本では過去一二万年で一〇回発生。実際に起これば国内で死者が最悪約一億人と想定している。

（神戸新聞ＮＥＸＴ二〇一六年一一月一八日付）

にわかには信じ難いが、国内の死者一億人ということは、日本国民の八割が死亡するということだ。

ネアンデルタール人も火山噴火で絶滅？

トバ火山の噴火では、現生人類と共に何とか生き残ったネアンデルタール人だが、それもその後別の理由で結局は絶滅した。そして、ネアンデルタール人の絶滅にもやはり火山噴火が関わっている可能性が指摘されている。

テキサス大学の人類学者ナオミ・クレッグホーンは、約四万年前に起きた複数の火山噴火をネアンデルタール人絶滅の要因に挙げている。中でもヨーロッパ大陸において過去二〇万年間で最大の規模となったカンピ・フレグレイの大噴火により、寒冷化と食糧不足に見舞われたことが大きく影響したという。カンピ・フレグレイはプロローグで述べたように、イタリアのナポリ西方に位置し、長さ一三キロメートルにおよぶ巨大なカルデラである。

実は、ネアンデルタール人と現生人類には決定的とも言える違いがあった。それは、「言葉を操れるかどうか」である。両者には声帯の位置に違いがある。現生人類の声帯と異なり、ネアンデルタール人の声帯は言葉を話すのに適した位置にはなかった。つまり、ネアンデルタール人は現生人類のようには自在に話すことはできなかったのだ。上手く話すことができなければ、知識や経験などの情報を仲間に伝えることもできない。寒冷化と食糧不足という難局への対

カンピ・フレグレイについてのネイチャー・コミュニケーションズ掲載の論文

nature COMMUNICATIONS

ARTICLE

Received 17 Mar 2016 | Accepted 27 Oct 2016 | Published 20 Dec 2016

OPEN

Magmas near the critical degassing pressure drive volcanic unrest towards a critical state

Giovanni Chiodini[1], Antonio Paonita[2], Alessandro Aiuppa[2,3], Antonio Costa[1], Stefano Caliro[4], Prospero De Martino[4], Valerio Acocella[5] & Jean Vandemeulebrouck[6,7]

During the reawaking of a volcano, magmas migrating through the shallow crust have to pass through hydrothermal fluids and rocks. The resulting magma-hydrothermal interactions are still poorly understood, which impairs the ability to interpret volcano monitoring signals and perform hazard assessments. Here we use the results of physical and volatile saturation models to demonstrate that magmatic volatiles released by decompressing magmas at a critical degassing pressure (CDP) can drive volcanic unrest towards a critical state. We show that, at the CDP, the abrupt and voluminous release of H_2O-rich magmatic gases can heat hydrothermal fluids and rocks, triggering an accelerating deformation that can ultimately culminate in rock failure and eruption. We propose that magma could be approaching the CDP at Campi Flegrei, a volcano in the metropolitan area of Naples, one of the most densely inhabited areas in the world, and where accelerating deformation and heating are currently being observed.

「近い将来、マグマの高熱のガスが突然噴出し、大規模な噴火を引き起こす可能性がある」と科学者たちは警告している。（「ネイチャー・コミュニケーションズ」2016年12月20日付）

策を集団で効率的に行なうには極めて不利だ。言葉を自在に操れなかったことも、ネアンデルタール人が絶滅した根本的な原因なのかもしれない。

このカンピ・フレグレイこそ、現代に生きる私たちにとって、最大の脅威なのだ。つい最近、科学誌『ネイチャー・コミュニケーションズ』(二〇一六年一二月二〇日付)に、「カンピ・フレグレイが再び目覚めつつある兆候がある」という内容の論文が掲載された。マグマがガスを放出する圧力の限界点に近づいている可能性があるというのだ。つまり、近い将来、大規模な噴火が起きる可能性があるということだ。イタリア政府も噴火警戒レベルを「正常」から「要警戒」に変更した。

イタリアでは、カンピ・フレグレイにあるカルデラは「地獄への入口」と呼ばれ、恐れられている。カンピ・フレグレイが最後に噴火したのは一五三八年である。それから約五〇〇年が経ち、いつ大規模な噴火が起きても不思議ではない状況に達したのだ。

第二章　人類の歴史は飢餓の歴史

一八一五年の悲劇

「そうなったらもう、耐え抜くしか道はありません」。

米イリノイ大学の環境歴史家ギレン・ダーシー・ウッド氏は米ナショナルジオグラフィック誌（電子版二〇一五年四月一六日付）の取材にため息をつきながらこう答えた。記事のタイトルは、「史上最大の噴火は世界をこれだけ変えた二〇〇年前のタンボラ山噴火から現代の被害を想像する」。

前章で述べたが、今から二〇〇年前にインドネシアのタンボラ山が噴火したことによって世界的に食糧危機がおとずれたことを知っている者はそうはいない。歴史家のジョン・デクスター・ポストは、この出来事を「西洋において最後で最大の危機」と呼んでいる。実際、当時は世界中で終末論が盛んに語られた。

ことの始まりは一八一五年四月一〇日に遡る。この年、インドネシアにあるタンボラ山が破局的な噴火を起こした。ナショナルジオグラフィックによると、この噴火は人類の有史において最大の規模であり、イタリアのヴェスヴィオ山の噴火と比べても実に二〇倍もの爆発であったという。（ただし、ここ最近になってタンボラ山の噴火を上回る爆発の痕跡が私たちの住む東アジアで確認された。この件については後ほど詳しく触れたい）。

とてつもない火砕流が山から二五キロも離れた村を即座に呑み込み、火山灰は四〇キロメートルまで上昇、周囲一〇〇万平方キロメートルにまで〝傘〟が広がった。タンボラ山の標高は一一〇〇メートル低下した上、直径六キロものクレーターを爪痕として残している。このクレーターは現在でも目視が可能だ。

この噴火の影響は周辺だけに留まらず、世界全体に寒冷化をもたらすことになる。大気圏に大量の火山灰や硫黄が舞い上がったことで太陽光が遮断されたのだ。結果的に世界的な気温を一・七℃も低下させ、一八一六年にはいわゆる「夏のない年」がおとずれる。

この年は世界各地で異常気象が起きた。まず、米国の北東部やカナダの南東部で夏にも関わらず降雪を記録している。この地域の春から夏にかけての平均気温は二〇～二五℃と安定しているが、この時は二〇℃近くも気温が低下し、五℃を下回ることが度々あった。ペンシルベニア州の南部では、七月と八月に湖や河川における凍結を観測。またニュージーランドでも、夏に洗濯物を外に干したところすぐに凍ってしまったというほどの気温の低下が報告されている。

当然、これらの地域ではとうもろこしや穀物の価格が急騰。さらには飢餓や衛生状態の悪化から伝染病が発生した。米国東部の食糧危機は夏のない年から数年間にわたって続いたため、多くの歴史家はこの出来事を境に開拓民たちが西部へ移住し始めたとみている。

清（中国）でも劇的な食糧危機が生じた。清では夏場の異常な低気温によって北部を中心に稲作が壊滅、広範囲にわたって飢餓が発生している。また、タンボラ山の噴火によって季節風の流れが変化したことから、長江で破滅的な洪水が起き、田畑や農作物が壊滅した。さらには広範囲で霜が発生したことも飢餓に拍車をかけたと言われている。

季節風の変化は中国に洪水をもたらしただけでなく、ムガル帝国（現在のイ

過去の推定気温

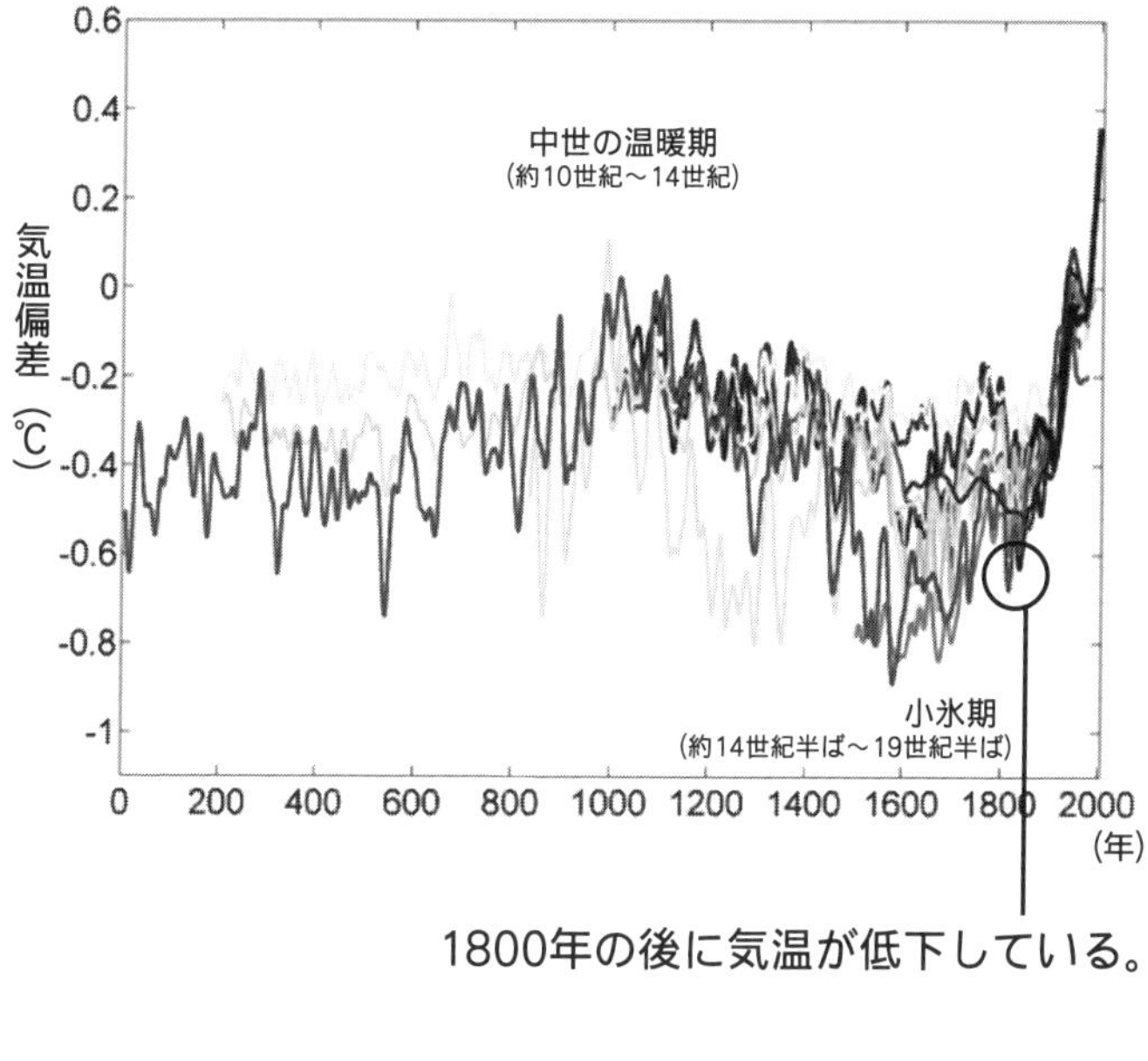

Wikipediaのデータを基に作成

ンド）やベンガル地方（南アジア北東部）に大雨をもたらした。その結果、コレラが大発生。コレラはそこから一〇年をかけてイラン、モスクワ、ロンドンやカイロ、北米東海岸へと伝染する。欧州も食糧危機に瀕した。原因は清など と一緒で、大雨による河川の氾濫にある。それにより農地や作物が壊滅的な被害を受けた。フランスや英国では暴動が多発、ドイツでも食糧危機から反ユダヤ暴動が誘発され全土に飛び火したと言われている。

寒冷化によって欧州全土で二〇万人もの死者が出たと言うが、中でもスイスにおける食糧危機は惨状を極めた。前出のギレン・ダーシー・ウッド氏は、その状況を次のように語った――「特にスイスへの影響は深刻だった。子どもに食べ物を与えられなくなった母親たちは、飢餓で苦しんで死んでいくわが子を見るに堪えず、自らの手で殺害した。彼女たちは後に裁判にかけられ斬首刑となった」（ナショナルジオグラフィック電子版二〇一五年四月一六日付）。

もし、タンボラ山と同規模の噴火が現代で起こった場合はどうなることだろう。「たとえ今日の技術を結集したとしても、あれほどの規模の気候変動危機に対応するのは難しい」（同前）とウッド氏は語る。「そうなったらもう、耐え抜くしかない」のだ。

温暖化がそこかしこで叫ばれる昨今、「夏のない年」と言われてもピンとこないかもしれない。しかし、程度こそ違うものの近年でもそういった現象は起きている。それは日本も例外ではない。代表例は一九九三年の米騒動だ。大正の米騒動とは異なり、「平成の米騒動」と呼ばれるこの出来事は、記録的な冷夏に起因している。実際、この年（夏）の気温は平年と比べて二〜三℃以上も下回った。そして、この冷夏の遠因となったのがフィリピンのピナトゥボ山における噴火である。二〇世紀では最大級の規模となったこの噴火によって、噴煙が二〇キロメートルの高さまで到達。世界的な気温を約〇・五℃低下させた。世界を危機に瀕する破局的な噴火には至らなかったものの、その影響はすさまじく、成層圏に大量に放出された大気エーロゾル粒子（いわゆる粉塵）によってオゾン層が著しく破壊されたことが後に判明している。

気候変動という意味では日本への影響がとりわけ大きかった。一九九三年には粉塵による日照不足、また噴火との直接的な因果関係は不明だが（沖縄県を除いて）梅雨が明けないという異常事態が生じ、著しい天候不順に陥る。すると、この年の日本全国の作況指数（平年を一〇〇とした米の作柄を示す指数）は「著しい不良」の水準となる九〇を大きく下回る七四を付けた。これは昭和において敗戦の年（一九四五年：作況指数六七）に次ぐ低さである。

特に東北地方の天候不順が深刻で、東北全体の作況指数で五六、やませの影響が大きかった岩手で三〇、青森県では二八、下北半島では「収穫が皆無」という作況指数ゼロの地域が続出。食糧流通量が大幅に不足し、東北の米農家が飯用の米を他県や外国から購入するほどであった。また海外においても、日本が世界の米の貿易量の二〇％を輸入したことから一部の地域では米の価格が急騰、特にタイなどでインフレ圧力を生じさせている。

「米がなければ小麦を食べれば良い」と思うかもしれない。確かに、日本の米不足は翌年の猛暑によってすぐさま解消された。そもそも、現代の日本は飽食の時代を生きている。米がなくとも他の食品で賄えば良い。しかし、想像してみるとよいだろう。仮に、冷夏が何年も続いていた場合のことを。

ピナトゥボ山の噴火は、二〇世紀においてこそ最大級の規模であったが、過去の長い歴史からすると最大級とは決して言えない。火山爆発指数（ＶＥＩ）は８段階中の６であり、小さい規模とは言えないものの、地球の歴史を振り返るとこれよりも大きな噴火が頻発している。たとえば、イタリアにあるカンピ・フレグレイ平野はかつて、ＶＥＩ７の噴火を起こした。前章でも取り上げているタンボラ山の噴火もＶＥＩ７である。ＶＥＩ６と７の差は想像しているよりも大きく、たとえばタンボラ山の噴火はポンペイを滅ぼしたヴェスヴィオ山の爆発（ＶＥＩ６）の約二〇倍の威力だ。

ＶＥＩ７、８レベルの噴火が現代で起こったら

前出のナショナルジオグラフィック誌（電子版）は専門家らの見解として、もし一八一五年のタンボラ山と同じレベルの噴火が現代で起きれば「当時より

もさらに大惨事を引き起こす」と断言する。その理由として交通、食糧、人道的支援のインフラは今の方がずっと整っている反面、人口が七〇億人にまで膨らんでいることや食糧と貿易のネットワークが複雑になっていることを挙げた。ちなみに、一八一五年時点の人口（推定）は一〇億人である。人口が七倍にまで膨れ上がった現代における被害の方が大きくなろうことは想像に難くない。

まったく恐ろしい話だが、イタリアのカンピ・フレグレイ平野が明日にでもＶＥＩ８の噴火を起こすことも十分に考えられる。ＶＥＩ８の爆発は「破局噴火」と呼ばれ、冗談ではなく生物の大量絶滅を促すほどの規模だ。約一万年に一度のペースで起きると言われているが、不気味なことに最近ではおよそ二万六〇〇〇年も起きていない。

二〇一三年に日本の気象研究所（気象庁）が、ＶＥＩ８の噴火が起きた場合の影響を予測している。モデルとなったのは、約七万四〇〇〇年前にインドネシアのトバ山が起こしたＶＥＩ８の噴火だ。この噴火は二〇世紀では最大の規模の爆発となったピナトゥボ山の三〇〇倍に相当する。気象研究所は、コンピュータを使ってトバ山の噴火をモデルに用いて、火山ガスの二酸化硫黄が上空に与える影響のシミュレーションを実施した。この結果はすさまじい。気象研究所によると、ＶＥＩ８の爆発が起きると、二酸化硫黄が上空で化学変化し、空気中を漂う微粒子「硫酸エーロゾル」（いわゆる粉塵のようなもの）が大量に生成される。そして数年以内に太陽光が約七五％減少し、地球は急速に寒冷化。なんと、数年後に地球の年平均気温が約一二℃も下がってしまうという。陸上に限れば一五℃も下がるというのだから尋常ではない。

また、気温の急速な低下によって年平均降水量も八〇％減少し、温帯と寒帯の森林は環境に適応できずほぼすべてが枯れる。熱帯の森林も衰退を免れず、植物の光合成がほぼ半分の量にまで低下。その結果、地球上に住むすべての生態系が存続を脅かされる事態になるという。しかも気候が元の状態になるには十数年かかり、植物が元に戻るには数十年がかかるというのだ。

さらに悪いことに、このシミュレーションは噴火によって放出される二酸化硫黄の影響だけを対象にしており、火山灰などの影響は考慮していない。すなわち、実際に起きた場合はさらなる甚大な被害が予想される。

火山灰の影響を勘案せずとも、世界の平均気温が約一二℃下がってしまう事態など想像もできない。国連気候変動に関する政府間パネル（ＩＰＣＣ）によると、一八八〇年～二〇一二年の間に世界の平均気温は〇・八五℃上昇した。たかが〇・八五℃の上昇でも温暖化と大騒ぎしている。温暖化が止まらない場合、ＩＰＣＣは二一〇〇年までに最大で四・八℃上昇するとしており、それはそれで問題だが、その逆のことも考えてみて欲しい。すなわち、短期間のうちに世界の平均気温が一二℃（しかも陸上では一五℃にもなる）も下がる事態だ。

「火山の冬」（噴火による寒冷化）のケースとは違うが、今から約四〇〇年前に地球は「マウンダー極小期」という寒冷化を経験している。マウンダー極小期とは太陽黒点数が著しく減少した期間の名称で、その際は世界の気温は平均して一・五℃下がった。たかだか一・五℃と侮ることなかれ、この時は欧州でもここ日本でも、飢饉が頻発したのである。英国やオランダでは河川が凍りつき食糧が激減、日本でも寛永の大飢饉や延宝の飢饉が起きた。

元ＮＡＳＡ上級研究員の桜井邦朋博士は、「週刊ポスト」の記事で約四〇〇年前の寒冷化が再来した場合のシミュレーションを次のように披露している――「世界の穀倉地帯や漁場が変動する影響で、世界人口八〇億人のうち、約二〇億人が飢餓と病気で死亡する危険性があります。とくに日本のように食料自給率が低い国はその影響を強く受け、国家存立さえ危うくなるかもしれません。一六六五年の欧州でのペスト流行も、寒さのためにネズミのエサがなくなり、人里に下りてきたため感染が広がったといわれている。食糧を巡る戦争、紛争も多発するでしょう」（週刊ポスト二〇一七年二月一〇日号）。

一・五℃の低下でさえもこの有様だ。もし、一二℃も下がったら、国家の消失どころか文明の危機にまで発展しかねない。

飢えのない、まれな時代

仮に人類の誕生から現在までが二四時間であったとすると、そのうちの二三時間五九分五九秒は飢餓と隣り合わせであった。「飽食の時代」と言われて久しいが、購買力さえあれば食糧が手に入るという幸運な状態はごくごく最近のことでしかない。

人類の歴史が飢餓の歴史であったということは、人間の遺伝子に組み込まれている。たとえば、人間には高度な自然治癒力が備わっているが（一部に異論はあるものの）こと高血糖に関しては自然に治癒されることはない。それは、人間にエネルギーを貯めるメカニズムが備わっているためだ。

人類は厳しい食糧事情を生き抜くために、乏しい食料から効率よくエネルギーを摂取し、余ったエネルギーを脂肪に変え皮下や内臓に蓄えるように進化してきたのである。言い換えると、この貯めるメカニズムがあるために飽食の時代に肥満や高血糖が問題となっているのだ。これはまさに現代病であり、人類の歴史からすると極めてまれな症状と言える。

そんな飽食の時代を可能にしたのは、産業革命だ。一七五〇年頃に英国で始まったとされる産業革命によって、より少ない人数でより多くの食糧を作ることが可能になったのである。これにより、人類の平均寿命は飛躍的に延びた。米国を例に取ると、一七七五年頃の平均寿命は三八歳であったが、一九一〇年代に五七歳に延び、二〇一六年には七八歳までとなっている。

平均寿命が延びたことにより人口も爆発的に増えた。一八〇〇年代初頭の一〇億人から現在は七〇億人強、このまま順調に行くと二〇五〇年には軽く九〇億人を突破する。

人口爆発の時代を迎えて久しいが、その都度、食糧不安（人口の増加に食糧の供給が追いつかなくなる事態）が台頭した。しかし、科学の進歩は食糧不安に打ち勝ってきたのである。貧困を別にすると、人口が増え続けているにも関わらずこの地球上で本格的な食糧不安が台頭した試しはない。

しかし、火山爆発指数（ＶＥＩ）で７以上の噴火が起これば話は別だろう。繰り返しになるが、ＶＥＩ７以上の爆発は一八一五年を境に人類に牙を向いたことはない。科学の進歩が噴火を乗り越えるという楽観論もあるだろうが、前出のナショナルジオグラフィックが指摘しているように、人口が増えていることもあり、一八一五年の夏のない年を上回る大惨事を人類にもたらすはずだ。

産業革命を期に、人類は各地で都市化を進めてきたが、その流れは一気に逆転する。食糧を求めて農村に人が殺到するであろうし、食糧のない都市部はまさに廃墟と化す。日照を目的として民族の大移動が起こるかもしれない。化石燃料を巡って紛争も巻き起こるだろう。もちろん、エネルギー源の主役は原子力発電になるはずだ。自給率が低い日本などでは食糧が絶対的に不足するため、購買力を持っていたとしても食べ物にありつけない事態もあり得るだろう。

日本の故事に「腹が減っては戦はできぬ」という有名なものがあるが、実はこの諺は誤訳だという説があることをご存知だろうか? この言葉は明治時代に国語学者の相沢与吉が英語圏の諺である「The stomach carries the feet」(胃は足を運ぶ)を訳したことから定着したとされる。しかし、当時の人たちはどういうわけか「空腹では何もできない」と意味を間違って広めてしまった。本当の意味は「胃は足を運ぶ」の通り、「空腹が戦争を呼ぶ」である。そう、人は食糧を求めて戦争をすると言うわけだ。日本の戦国時代についても、寒冷化を背景にした食糧の争奪戦が乱世を生んだのではないかという説もある。

兎にも角にも、私たち日本人に限らず先進国で暮らすほとんどの人は飢えを知らない世代だ。次に噴火やそれに伴う寒冷化が起きた時、私たちは今という時代がいかに幸運な時代であり、まれな時代であったかを思い知ることだろう。

白頭山という〝今そこにある危機〟

今、世界中の学者たちの注目を一手に集める火山がある。それは、秘密のベールに閉ざされた北朝鮮にある白頭山《ペクトゥサン》だ。正確には、北朝鮮と中国の国境に位置している。

なぜ白頭山が火山学者の注目を集めているのか？　それは、過去二〇〇〇年の間でもっとも規模の大きかった噴火はタンボラ山（インドネシア）ではなくこの白頭山だったということが最近の研究で判明したからである。しかも、この白頭山に噴火の兆候があるというのだから穏やかではない。

白頭山は北朝鮮と同様に謎に満ちている。まずは、その場所だ。世界には約一万五〇〇〇もの活火山があるが、そのほとんどはプレートの境に位置している。とりわけ環太平洋地域に多く分布しており、日本や米国、インドネシアなどが火山大国だ。しかし、白頭山は日本列島を形成した巨大な沈み込み帯から一〇〇〇キロメートルも離れている。本来であれば考えにくい場所に位置しているのだ。このことは現在でも解明されていない。

また、過去の破局的な噴火が史実に残されていないことも学者たちの間で物議を醸している。近年の研究で白頭山は西暦九四六年にタンボラ山よりもはるかに大きい爆発を起こしたことが判明しているのだが、不思議なことに噴火に関する歴史的な記述が一つも見つかっていない。当時は史実を記録できる文明があったにも関わらずだ。この噴火によって、「渤海」という朝鮮半島にあった国家が消滅したという説もある。実際、九四六年の噴火は破局的なものであったとされ、火山灰は日本の北海道や東北地域にも届いた。タンボラ山よりも激しい気候変動を地球にもたらしたという分析もなされており、ここに来て再び噴火の兆候が出ていることから、基本的に孤立を好む北朝鮮の金正恩総書記が米英や日中韓に調査を依頼する事態となっている。

「白頭山が大規模な噴火を起こす危険性は、非常に現実的なものであると考えられます」（ナショナルジオグラフィック二〇一六年四月二〇日付）米テキサス大学で地震学者を務めるスティーブン・グランド氏はこう警戒心を示す。日本の火山学者である谷口宏充氏（東北大学名誉教授）も二〇一五年四月の時点で、白頭山が噴火する可能性を二〇一九年までには六八%、二〇三二年までには九九%とする研究結果を発表した。谷口氏は過去の事例を紐解いて、白頭山の噴火と日本の大規模な地震には深い関連性があると指摘する。それゆえ、東日本大震災も白頭山に大きな影響を与えるというのだ。確かに二〇一一年以降、白頭山で地震が頻発している。

韓国SBSテレビが国際共同研究チームの調査を元に報じた内容によると、九四六年の噴火の際には四五メガトン（トンの一〇〇万倍）の硫黄が噴出した。これはタンボラ山の噴火の時の量を遥かに上回る。そして、もしその約半分で

活火山の分布

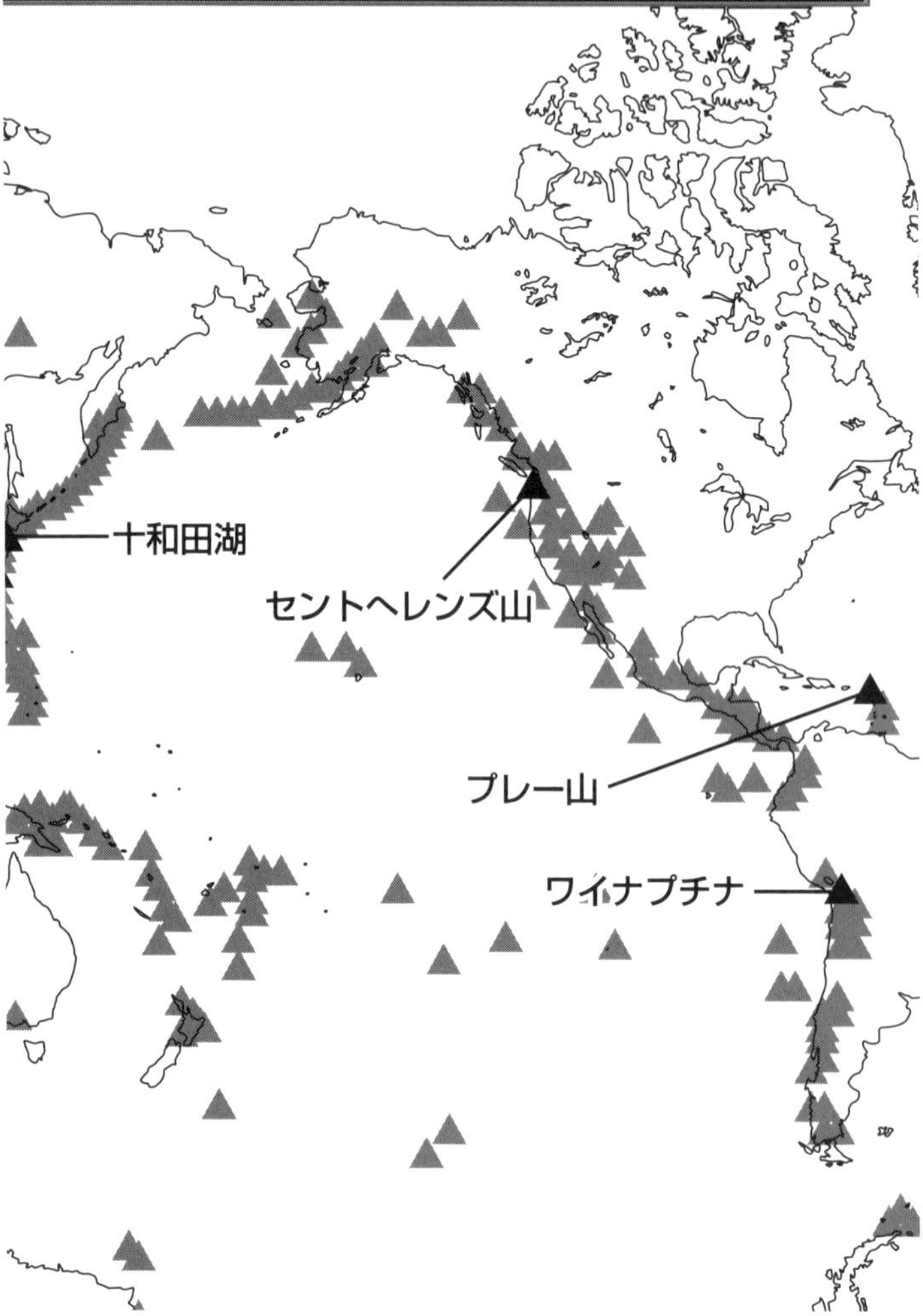

気象庁のデータを基に作成

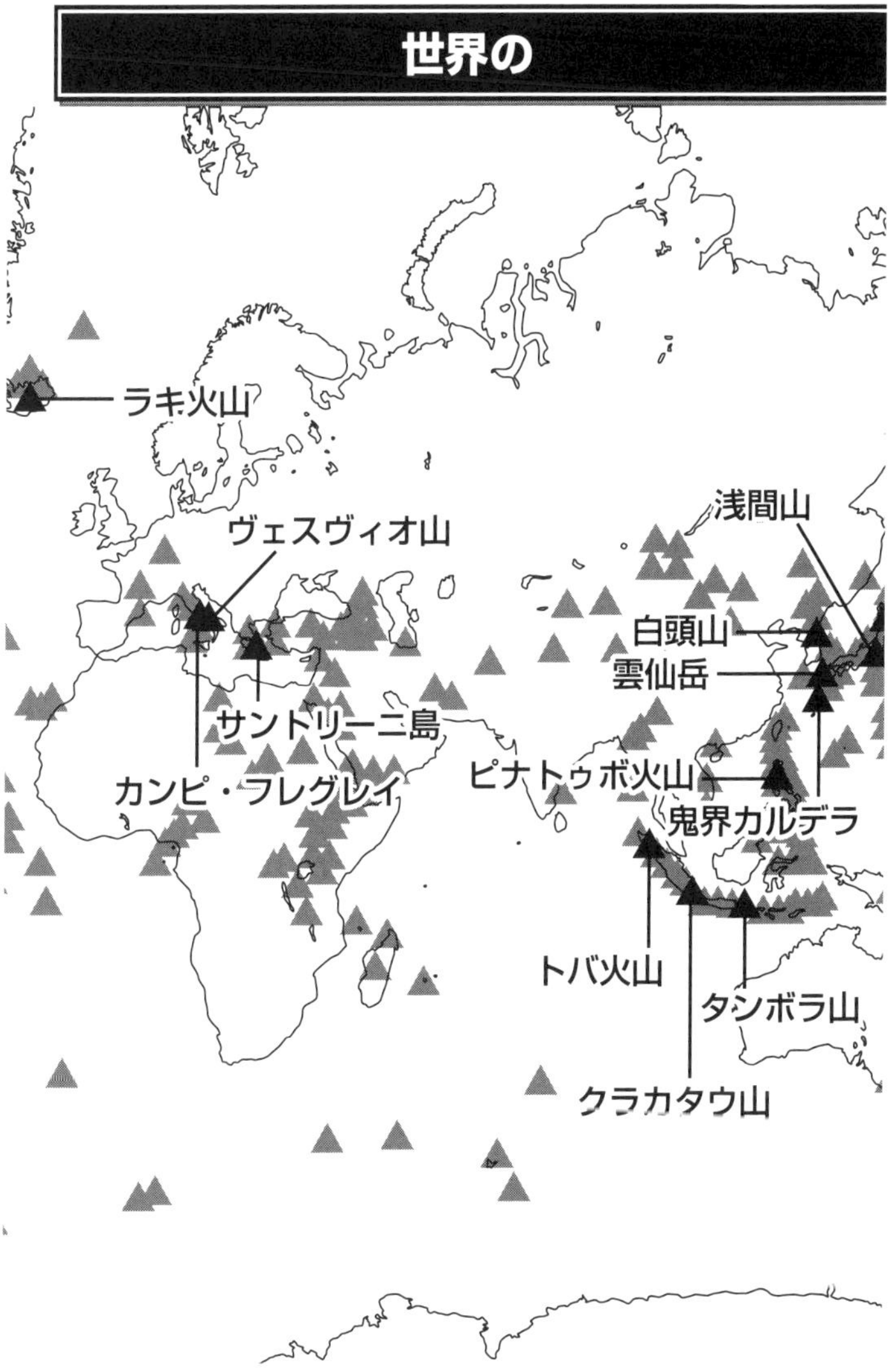
世界の
ラキ火山
ヴェスヴィオ山
サントリーニ島
カンピ・フレグレイ
浅間山
白頭山
雲仙岳
ピナトゥボ火山
鬼界カルデラ
トバ火山
タンボラ山
クラカタウ山

ある二〇メガトンの硫黄ガスが白頭山から噴出されれば、三ヵ月の間に北半球の平均気温を最大で〇・五℃下げるという。

確かに北朝鮮が核開発に成功し、それにより引き起こされるかもしれない「核の冬」（地上で核兵器が使用された場合に巻き上げられた粉塵が太陽光を遮断する事態）に対しても警戒が必要だ。しかしそれ以上に、白頭山が引き起こすかもしれない「火山の冬」の脅威の方がはるかに大きいかもしれない。前述したように、六八％の確率で二〇一九年までに噴火するとの予測まである。白頭山が大規模な噴火を起こせば、日本への影響は必至だ。噴火の規模にもよるが、最悪の場合は世界的な気候変動を招くだろう。そうなると、やってくるのは今までに体験したことのない「食糧難の時代」だ。

この「眠れる巨人」からは一時も目が離せない。

第三章　天災と経済

東日本大震災後、被災地は高度成長!?

私たち日本人は、昔から天災と共に生きてきた。昔からなどと言わなくても、二〇一一年の「東日本大震災」はまだ記憶に新しいし、それ以降も二〇一四年の「御嶽山噴火」、二〇一六年の「熊本地震」と毎年のように天災に見舞われている。東日本大震災では、死者・行方不明者は二万人近くにも達し、震災後もいわゆる「関連死」の方は増え続け、その数三五〇〇名を超えている。御嶽山噴火では五八名の方が命を落とし、熊本地震では倒壊した家屋の下敷きになったりした五〇名が亡くなり、その後の関連死の方も一〇〇名を超えている。テレビでこうした映像を見ると、今も胸が痛む。

ただ、ありがたいことに現代においては、あれほどの被害をもたらした東日本大震災ですら、経済にはさしたる被害をおよぼしていない。こう書くと、被災地の県民の方からは「冗談じゃない！」とお怒りの声があがるかもしれない。

しかし間違いなく言えることは、〝恐慌〟は起こっていないということだ。

より実態に迫るべく、福島県のＧＤＰ・県経済成長率を見てみよう。震災の次月から始まる二〇一一年度こそ名目で九・九％、実質で八・一％のマイナスとかなり落ち込んだが、復興需要もあり二〇一二年度・一三年度は二年連続で名目・実質とも七％を超える〝高度成長〟を実現させている。一四年度は一段落しそこまでの高度成長とはいかなかったが、実質でマイナス一・〇％に落ち込んだ国全体に対し、福島県はプラス成長を維持した。

これは福島県に限らない。震源地にもっとも近く、津波により実に三二七平方キロメートルが浸水し、一万人を超える犠牲者を出した宮城県でも同じような傾向が見て取れる。否、「同じ」より「良い」かもしれない。宮城県の場合、まず震災直後の落ち込みが小さい。二〇一一年度、宮城県の経済成長率はもちろんマイナスではあるが、マイナス幅は名目で一・七％、実質で〇・六％だ。そして翌一二年はやはり復興需要に沸いた。成長率は実に名目一〇・七％、実質一一・六％！　大変な高度成長ぶりだったのだ。一三年度は落ち着いたものの、それでも名目三・五%、実質四・〇%の成長を達成した。これ以上細かい数字を取り上げることはやめるが、一言でいえば現代においてはあれだけの大地震に見舞われても、国のトータル的な支える力が大きく、経済が壊滅することはなかったのである。

ここまで読まれた読者は、あの東日本大震災ですら実は被災地経済に大きなマイナスの影響をおよぼしていない事実に存外の感を持たれたのではなかろうか。そしてもしかしたら、「意外と天災に遭っても経済は大丈夫なんだな」などと思われたかもしれない。

そういう方にズバリ申し上げよう。「甘い」と。歴史を見れば、天災が経済に致命的ダメージを与えた信じられないような事実がいくつも出て来る。そしてそれは、「現代なら大丈夫」というわけでは決してないのだ。東日本大震災は経済をひっくり返した、そういう歴史的天災に比べれば「まだマシ」な天災だっただけなのだ。

念のため申し上げるが、私は東日本大震災のすさまじさ・悲惨さを身をもって実感している一人だ。まず、あの地震が起こった時、私は講演のために福島県のいわき市にいた。何とか津波に遭うことなく、車を走りに走らせて一日かけて東京に戻った。戻った後はすぐ被災地に向けての活動を開始した。私は親戚も宮城県にいるし、また私が主宰する会員制組織の会員の方々もかなり東北地方に住まわれている。だから、震災四日後には、社員と私の息子とに当座の支援物資を持たせて車で宮城県に向かわせた。まだ高速は通じていなかったので、行く時は一日がかり。しかもまさにその時、途中の福島県では福島第一原発が爆発していたのだ。その後も、私が主幹を務める「経済トレンドレポート」では相互扶助の思いより他の会員と私の会社である（株）第二海援隊などから寄付を募って被災会員様に届け、私が代表を務める会社「再生日本21」や最高顧問を務める一般社団法人「世界の子供たちのために」では、ガレキ撤去や被災された方々の健康のために温熱施術などのボランティア活動を続けてきた。だから、東北の被災地の実情を知らずして言っているのではない。大変な状況であったことは、よくわかっているつもりだ。

しかし天災の歴史を調べていくと、その東日本大震災と比較にならないくらいのすさまじい天災が幾多もあった。それが事実なのである。それを踏まえた上で、経済を壊滅させた歴史的天災を見ていくことにしよう。

マリー・アントワネットが処刑された本当の理由

一七九三年一〇月、フランス革命の業火の中でルイ一六世の王妃であり絶世の美女と謳われたマリー・アントワネットが、断頭台の露と消えた。このマリー・アントワネットが処刑された本当の原因をご存知だろうか。第一章でも少し述べたが、それこそその一〇年前に起きたアイスランドのラキ火山の大噴火だったのだ。

「二〇年も前の火山噴火？　アイスランドってフランスと近いの？」——読者は疑問を持って当然だ。まず、ヨーロッパの地図をご覧いただきたい。一目瞭然だがアイスランドとフランスはとても近いとは言えない。フランスからすれ

ヨーロッパの国々の位置関係
アイスランド
ラキ火山
ノルウェー
スウェーデン
フィンランド
エストニア
ラトビア
ロシア
デンマーク
リトアニア
アイルランド
イギリス
ベラルーシ
オランダ
ドイツ
ポーランド
ベルギー
チェコ
ウクライナ
スロバキア
フランス
オーストリア
モルドバ
スイス
ハンガリー
フランス
大革命
クロアチア
ルーマニア
ボスニア
ヘルツェゴビナ
セルビア
黒海
イタリア
モンテネグロ
ブルガリア
マケドニア
アルバニア
ポルトガル
スペイン
ギリシャ
トルコ
地中海
チュニジア
モロッコ
リビア
エジプト
西サハラ
マリ
ニジェール
チャド

ば、アイスランドはイギリスのはるか向こうだ。二〇〇〇キロメートル以上も離れている。

そんなはるか遠くの火山の爆発がなぜ、フランス革命を引き起こしたのか。そのすさまじい自然の猛威をお伝えしよう。

一七八三年の夏は記録的な猛暑で、アイスランド上空に巨大な高気圧が発生し、南東方向に風が吹いていた。その年の六月八日、ラキ火山が大爆発したのだ。この大爆発によって、空気中に一億二〇〇〇万トンもの二酸化硫黄が放出され、風に乗って北欧からさらにヨーロッパ全土を覆った。毒の雲はデンマーク＝ノルウェーのベルゲン（スカンディナヴィア半島先端）に到達し、六月一七日にはボヘミアのプラハに、六月一八日にはベルリンに、そして六月二〇日にはパリに達した。

イギリスではあまりに霧が深かったため、船が港から出られなかった。また、太陽は「血の色（blood coloured)」と呼ばれた。人々は硫黄化合物のガスを吸い込み肺の柔組織が腫れ上がったため、呼吸困難になった。フランス中部のシャルトル市の死者数は八月と九月に四〇人ずつ増加し、局地的死亡率が五％ずつ上昇した。イギリスの記録では屋外労働者の死者が増加し、ベッドフォードシャー州、リンカンシャー州など東部沿岸の死亡率が二～三倍になった。八月、九月にイギリスで中毒死した人は、二万三〇〇〇人と推測されている。このやは、雹《ひょう》を含んだ激しい雷雨を引き起こし、秋に収まるまでに多くの牛が死んだ。

しかし、事態はこれで収まるものではなかった。地震や津波と違い、大噴火の余波はこの後さらにすさまじく拡大していくのである。噴き上げられた膨大な噴煙は長きにわたって太陽光をさえぎり、それによる急激な寒冷化と異常気象は飢饉を引き起こしたのだ。

イギリスの博物学者、ギルバート・ホワイトは、一七八四年冬には氷点下の気温が二八日間続いたと記し、以下の記録を残している。

――一七八三年の夏は驚くべき恐ろしき現象の前触れだった。小石が激しく降り注ぎ、雷雨が襲った。独特のもや、くすぶった霧が発生し、数週間にわたって王国の多くの郡を驚かせ、苦しめた。ヨーロッパの他の地域でも同じようなことが何箇所でも起こった。それは異様な風景であり、今までに人類が体験したすべての経験と異なっていた。六月二三日から七月二〇日までの日記を読み返して、私は気付いた。その期間、さまざまな方位から風が吹いたが、その風で空気が入れ替わることは無かった。正午の太陽はまだら模様で、月と同程度の明るさしかなかった。太陽の色は、まるで錆びた土か、部屋の床のようだった。

（Wikipedia）

この寒さでイギリスの死者数はさらに八〇〇〇人増えたと推測されている。さらに春の雪解けで、ドイツと中央ヨーロッパでは激しい洪水被害を記録した。空を覆う噴煙の影響は、大西洋を越えアメリカ大陸にもおよんだ。ミシシッピ川が凍りつき、メキシコ湾にも氷が浮かんだ。ベンジャミン・フランクリン

は、一七八四年にこう書き遺している。

一七八三年の夏の数ヶ月、太陽が北半球を暖めるはずだった時、全ヨーロッパと北アメリカの大部分が霧に覆われていた。この霧はなかなか晴れなかった。その霧は乾燥していたため、日光が当たって雨に変わるということもほとんどないようだった。その霧を通ると、日光は非常に弱くなった。レンズで光を集めても、茶色の紙を燃やすだけの熱量にはならなかった。そのため、夏効果で地球が暖められることはほとんどなく、地面は早くから凍りついた。そのため、初雪さえ融けることがなく、雪は降り積もっていった。そのため気温はますます下がり、風も強くなり、一七八三年～一七八四年の冬は過去にないほどの厳しい寒さになった。

（Wikipedia）

王妃マリー・アントワネットの国、フランスに話を戻そう。遠く大西洋を隔てたアメリカでさえこうなのだから、フランスが受けた影響は甚大であった。ラキ火山大噴火から何年も連続して急激な寒冷化と異常気象により作物は不作を極めた。都市部への穀物供給は滞り、小麦の価格が前年に比べて四割も高騰、パン価格も急騰した。フランス革命と言えば、一七八九年一〇月五日、パリ市役所前広場に集まった約七〇〇〇人の主婦らが「パンをよこせ」という叫びを上げてヴェルサイユ宮殿に乱入した「ヴェルサイユ行進」が有名だが、国民がパンを買えなくなったのは、別にマリー・アントワネットのせいではなく、その数年前に起こったラキ火山噴火に起因するものだったのだ。

飢饉と財政ひっ迫。フランス革命はこうして引き起こされた

食べるものがなければ国民は餓死してしまう。本来なら当然、たとえばあの第二次世界大戦中行なわれていたような配給のような形で、国民への食糧の供給を講ずるべきだろう。当時のフランスだって、できることならそうしたかっ

た。しかし、できなかった。それができなかったのは、飢饉のせいばかりではない。当時のフランス政府は、財政的にひっ迫していたのだ。ここで少し、私の専門である財政の話をしておきたい。

実は一七八〇年代、フランスでは国の財政が大きな問題になっていた。国家財政の収入が五億リーブル、支出が六億二千リーブル、累積財政赤字は四五億リーブルになっていた。収入の九倍の赤字を抱えていたわけだ（今の日本は約五八兆円の税収に対して支出〈歳出〉は一〇〇兆円。累積の国家債務は一〇〇〇兆円を超えているのはご存知の通りである。革命まで引き起こした当時のフランスの財政と比べれば、いかに今のわが国の財政が恐ろしい状態にあるかがまた一段とわかろうというものだ）。

このままでは、国家財政の破綻は目に見えている――ルイ一六世は財政改革を行なう決意をする。そのために財務長官に任命されたのが、銀行家出身のネッケル。当時のフランスは「アンシャン・レジーム」と呼ばれる社会・政治体制の下、国民は三つの身分に分けられており、第一身分である聖職者が一四万人、第二身分である貴族が四〇万人、第三身分である平民が二六〇〇万人いた。そして第一身分と第二身分には、年金支給と免税特権が認められていた。

こういう状況下で財政を改革するには、免税特権を持っている第一身分と第二身分から税金を取るか、彼らへの年金支給額を削減するか、その両方をすればいいのだが、これを実行するというハードルはやはり高い（まるで今の日本を彷彿とさせる話だ）。そこでネッケルは、まず反対の大きい税制改革よりも構造改革によるリストラと募債によって財務の改善を目指したが、失敗して赤字幅を逆に増やした。続いて免税特権の廃止に向かってようやく腰を上げるが、特権身分の反対にあって挫折し、一七八一年に一旦は罷免される。ネッケルの後任財務長官たちも課税を実現しようとしたが、やはり貴族階級の抵抗で辞職に追い込まれ、一七八八年再び招聘されたネッケルは、三つの身分の代表者による三部会の開催を就任の条件とし、国王ルイ一六世は全国三部会の開催を約束した。そしてついに一七八九年五月五日、ヴェルサイユ宮殿で全国三部会の開会式が行なわれた。

しかし、三部会がはじまると、会議はすぐにもめた。特権階級への課税問題でもめたのではなくて、それ以前のことでもめた。それは、会議の議決方法である。三部会の議員の数は次のようになっていた。第一身分が三〇八人、第二身分が二八五人、そして第三身分が六二一人。第一身分と第二身分を合わせても五九三人にしかならず、第三身分の六二一人におよばない。となると、普通の多数決では第三身分の意見が通ってしまう。そこで第一、第二身分は共闘して、議員ごとの議決ではなく、一身分一票を主張した。第一身分に一票、第二身分に一票、第三身分に一票。この合計三票で多数決を採ろうと主張したのだ。これなら第一身分と第二身分の意見が通る。年金支給と免税特権は守られる。しかし、数で勝る第三身分の議員がそんな話に同意するはずもない。議決方法をめぐる討議は四〇日間も堂々巡りを続けた（このあたりも、今の日本の国会審議を彷彿とさせる。国のために本当に何が求められているかをお互い真剣に議論しあうのではなく、党利党略私利私欲、揚げ足取りばかりだ）。

六月、議論が進まないことに愛想をつかした第三身分の代表達は、三部会に見切りをつけ、自分達だけの議会「国民議会」を発足させる。そしてヴェルサイユ宮殿の室内球戯場に集まり、憲法を制定することと国王が国民議会を正式な議会と認めるまで解散しないことを誓った（これを「球戯場の誓い」という）。

こうなって来ると、第一身分、第二身分の代表の中にも、国民議会に賛同して合流して来るものが出て来る。流れに乗ろうということだ。これまた今も変わらない。ただし、こういった合流者は必ずしも付和雷同者だったというわけではない。貴族の中には自由主義貴族と呼ばれる人たちがいて、彼らは啓蒙思想の影響を受けて「アンシャン・レジーム」体制が時代遅れであると考え、フランスの発展のためには改革が必要であると感じていたのだ。たとえば、アメリカ独立戦争に参加していたラファイエットがそうだ。彼は「新大陸の英雄」として、すでに国民に人気があった。

こうなると、三部会の方は実態をなさなくなってしまう。ルイ一六世はしぶしぶ国民議会を正式な議会として承認し、国民議会は憲法制定国民議会と改称して憲法制定に着手する。しかし、この動きに対し危機感を募らせた特権貴族や王族は、第三身分に圧力をかけるため軍隊をヴェルサイユとパリに集結させることを国王に強要した。国王ルイ一六世にしても、第三身分が主導権を握る国民議会など潰せるものなら潰してしまいたい。そこで、軍隊に動員をかけた。

　各地の部隊が、ヴェルサイユとパリに向かい始める。軍隊が移動を開始すると、パリの市民たちは、ルイ一六世の意図を見抜く。王は、軍隊によって国民議会を解散させようとしているのだと。そこで、王が軍隊を使うなら自分たちも軍事力で国民議会を守ろうと考えた。

　こうして緊張が高まる中、七月一一日、財政改革の期待を集めていたネッケルが罷免された。ついにパリ市民たちは、国民議会を守るためにパリ市民による軍隊を編成した。これを「市民軍」という。ところが、市民軍には武器がない。どうするか。七月一四日、パリの市民たちは蜂起した。まず廃兵院という軍事施設を襲う。ここには武器が保管されていたからだ。ここを占拠して武器を手に入れたが、火薬が足りない。火薬が大量にあるところはどこか。それが、あのバスティーユ牢獄だ。当時はバスティーユ牢獄は火薬の保管場所だった。

そのため襲撃されたのだ。これ以後、市民たちは武器弾薬を手にすることになった。

この七月一四日が、フランス革命勃発の日と言われている。この後フランス革命は、人権宣言採択、憲法制定、オーストリアとのフランス革命戦争などを経て、一七九二年九月二一日、王政廃止とフランス第一共和政の樹立を宣言した。そして、「その時」を迎える。

共和政府はルイ一六世を革命裁判にかけた。国王が戦争の際にフランス政府と国民を裏切っていた証拠が数多く提出され、国民公会はルイ一六世の死刑を議決した（ちなみに、賛成三八七に対し反対三三四とかなり拮抗していた）。一七九三年一月二一日、二万人の市民が見守る中、ルイ一六世はパリの革命広場（現在のコンコルド広場）でギロチンによって処刑された。そして一〇月、王妃マリー・アントワネットも、後ろ手に縛られ肥料運搬車で市中を引き回された末に処刑された。

付記しておくと、フランス革命はマリー・アントワネットの処刑でそのドラマが終わったわけではない。その後、権力を握ったのは下層市民の支持するジャコバン派。ロベスピエールを中心とするジャコバン派は一切の権力を握り、反対派を次々と処刑する恐怖政治を行なった。

歴史は振り子のように動く。奪う者は奪われる。インフレによる生活圧迫や恐怖政治によって自らの生命をも脅かされていた反ロベスピエール派は、密かにその打倒を計画する。ジャコバン派の天下はわずか一年で終わった。一七九四年七月二七日、国民公会に出席したロベスピエールは、満を持していた反ロベスピエール派によって糾弾の嵐を浴びる。場内から「暴君を倒せ」との叫びが上がる中、ロベスピエール派は一斉に逮捕され、翌二八日、ロベスピエールら二二人はギロチンで処刑された。

残虐な革命を招いたフランスの財政状況は、今の日本に酷似

ここまでかなり詳しく、ラキ火山の大噴火から、急激な気候の変化、凶作、

財政危機、フランス革命勃発、そしてマリー・アントワネットの処刑、さらに新たな独裁者となったロベスピエールの処刑に至る歴史を見てきた。これでわかることは、残虐な革命にまで至った当時のフランスの状況が今の日本と酷似していることだ。年金など社会保障費増大による財政危機は明らかなのに、増税もせず、年金も削らず、政治家は議員バッジを守るためにその問題に真剣に取り組もうとしない。そういう状況下で、もしラキ火山大噴火に匹敵するような天災が起きたらどうなるか。東日本大震災の時は、整然と列に並んで配給を待つ日本人の姿は世界を驚嘆させたが、それにも限度があろう。

それに、今後三〇年以内に発生する確率が七〇％程度と推定されている首都直下地震はもちろんのこと、いつ起こってもおかしくないと言われている富士山噴火が直撃するのは首都圏だ。地域の絆が生きている東北地方ではなく、バラバラの個が集まって暮らしていて、隣にどんな人が住んでいるのかもわからない大都会では、不安から暴動が起こっても何ら不思議ではない。富士山噴火や首都直下地震が経済にどれほど甚大な影響をおよぼすかについては本章の最後で述べることにして、次はフランス革命どころではない、火山の爆発と津波が文明そのものを滅ぼしてしまった事例を見ていこう。

エーゲ海に浮かぶ遺跡の島から学ぶこと

ギリシャとトルコに挟まれた海、エーゲ海。エーゲ海に浮かぶ大小二五〇〇以上もの島々は、青い海と白い建物のコントラストが美しく、ヨーロッパでも特に人気の高いリゾート地と言われている。

そのエーゲ海のちょうど真ん中あたりに位置するサントリーニ島は、島に溢れる青と白のコントラストのあまりに美しい写真がネット上でも話題になっている。世界有数の絶景ポイントがそこかしこに点在する「奇跡の島」とも言われ、カップルやハネムナーにも絶大な人気を誇るロマンティックな島だ。

さて、この島には大きな謎がある。島の西側は、まるで何かに切り取られたような、三日月型に切り立った断崖になっているのだ。その変わった地形はなぜできたのか。この海に落ち込んだ巨大なクレーターができたのは、紀元前一六〇〇年代。ここで未曾有の火山大爆発があり、島の中央部分が吹き飛んでしまったのだ。これほどの大噴火があれば、当然そこにあった文明は壊滅する。そう、本当に壊滅したのだ。古代ギリシャの哲学者プラトンが記述した「一夜で沈んだ高度な文明社会」という「アトランティス大陸伝説」。このサントリーニ島の火山の爆発が、アトランティス伝説の元になったのではないかという説がある。

壊滅した跡のその遺跡を見れば当時の文明のすごさがわかる。約四〇年前から発掘が始まった島の南部にあるアクロティリ遺跡。発掘の結果、アクロティリは紀元前一七〇〇年頃大地震で街が一度破壊されたものの、その後復興し、クレタ島と同じミノア文明の元で繁栄を謳歌していたこと、しかし、紀元前一六二八年頃の大噴火で人々が街を放棄したことがわかっている。

その文明の一端をご紹介しよう。三階建ての家、トイレがあり排水設備に下水設備、そして窓。文字もあった。芸術も開花した。百合などの花や人々、動

サントリーニ島の
アクロティリ遺跡で
発掘された
「黄金の山羊」
（新先史期博物館蔵）

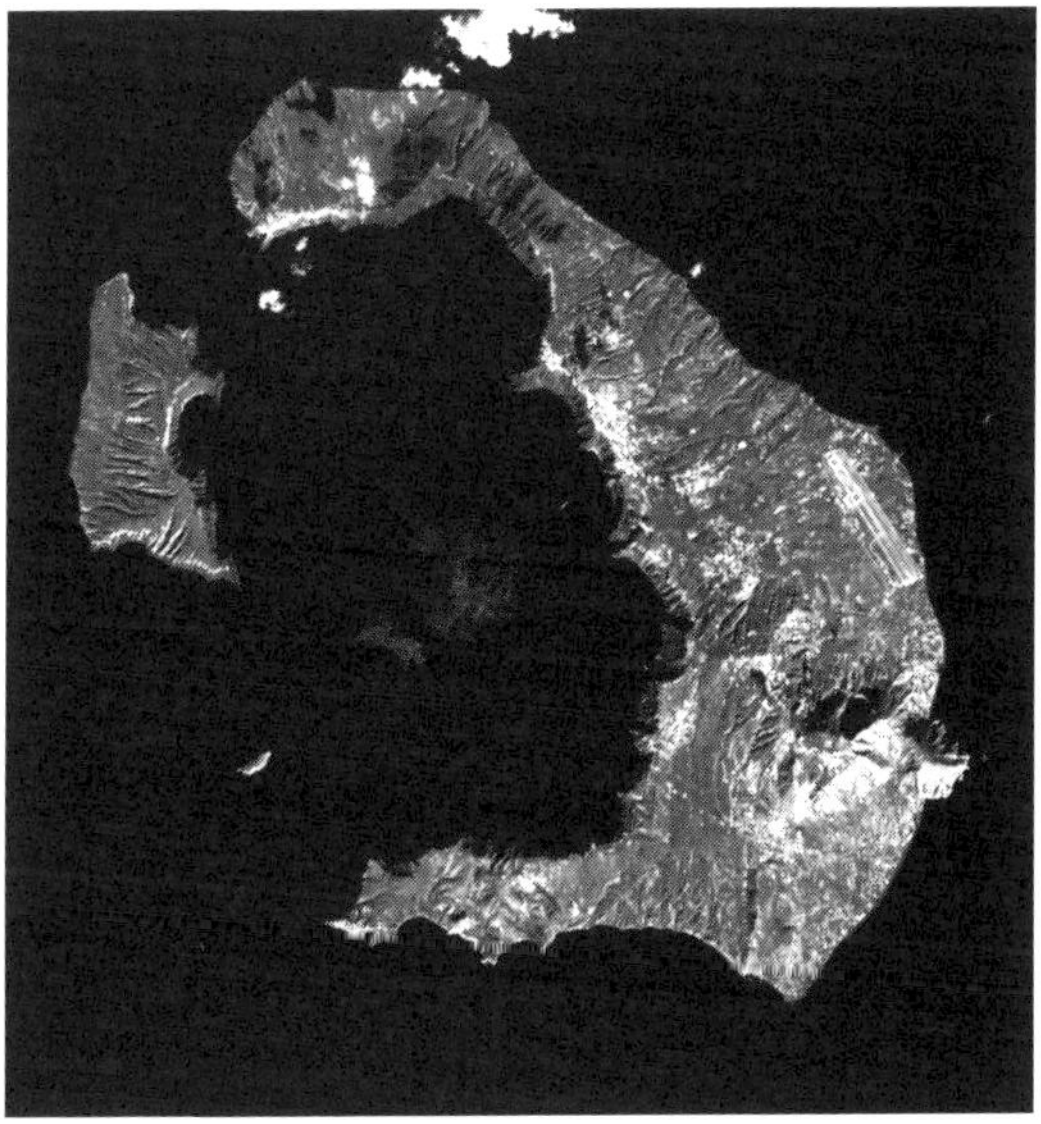

噴火によってもともと円形だったサントリーニ島は吹き飛び、写真のように右側半分と左側の一部を残す島となった。
（写真提供　NASA/GSFC/METI/ERSDAC/JAROS, and U.S./Japan ASTER Science Team）

物を描いた色鮮やかなフレスコ画の数々。絵の中には船団図というのもあり、これは船の集団が多くの島や街を訪れたり、戦いをしている場面が描かれているもの。往時の繁栄がしのばれる。黄金の山羊などというのも発見されている。実に見事な金工芸品だ。これだけのものがきれいに残っていた理由は火山灰だ。火山灰に覆われたことで、結果として三六〇〇年以上を経た今まで見事に保存されていたのだ。では、どれくらい火山灰が降り積もったのか――もっとも深い場所ではなんと三〇メートル（！）も火山灰が降り積もったそうだ。これでは、まさに伝説のアトランティスのごとく、文明が一夜にして滅ぶのも無理からぬことだ。

ただ、不幸中の幸いと言えるのは、この遺跡からは遺体は発見されていない。大噴火の前兆として地震が相次いで異変に気付くことができたらしく、人々は無事に逃げ出すことができたようである。そのため、貴金属などの貴重品は人々が逃げ去る時に持ち出したのでほとんど残っておらず、先に取り上げた黄金の山羊は貴重な例外だ。

ここに、古代サントリーニ島の火山大爆発から得られる貴重な教訓がある。それは、前兆に気付いたら迷わずすぐ行動を起こすということだ。そうすれば、命は助かる。迷ってぐずぐずしていたら、それこそ命取りになる。これは私が常々、経済的激変に備える心構えとしてお話していることと同じだ。予兆を感じたら、「こんなことは今までなかったことだぞ……」と思ったら、周りの人にも呼び掛けて、もし信じてもらえなくても迷わず行動を起こすことである。

大航海時代を制したポルトガルの没落を決定付けた大地震

ポルトガル――この国にどういうイメージをお持ちだろうか？　多くの方が、あまりイメージがわかないか、せいぜい「確かヨーロッパの端の方の国……」くらいの感じではなかろうか。ただし、サッカー好きの方ならすぐピンと来るものがあろう。ポルトガル代表のサッカー選手、クリスティアーノ・ロナウド。国際サッカー連盟（ＦＩＦＡ）の世界年間最優秀選手賞を何度も受賞している、世界ナンバーワンのサッカー選手だ。私たち日本人にとっては、二〇一六年一二月に行なわれたクラブワールドカップ決勝で、日本の代表、鹿島アントラーズ相手にハットトリック（三得点）を上げて逆転優勝に導いた活躍が記憶に新しい。

このクラブワールドカップの少し前、クリスティアーノ・ロナウドは複数のメディアから「巨額の脱税をしているのでは？」と疑惑を持たれたことをきっかけに、自身の身の潔白を証明するために、「自分の本当の年収」を公表した。その額はなんと約二七五億円。サッカー選手としてだけでなく、世界の全アスリートの中でもダントツのトップである。

もう少しサッカーの話をさせていただくと、ワールドカップで最多五回の優勝を誇るサッカー王国・ブラジル。このブラジルの公用語はポルトガル語だ。こう書いて来ると、クリスティアーノ・ロナウド選手とブラジルいう国とが何かつながりそうだが、この両者には何のつながりもない。関係があるのは、ポルトガルとブラジルの歴史である。ブラジルは一六世紀から一九世紀前半まで、ポルトガルの植民地だったのだ。今はヨーロッパの小国に過ぎないポルトガルが、あの広大なブラジルを植民地にしていたというのは今の観点からすると驚きだが、当時のポルトガルは強大な力を誇っていた。

多くの読者の皆様は歴史の授業で「鉄砲伝来」というのを習った記憶があるのではなかろうか。一五四三年、種子島に漂着してわが国に鉄砲を伝えたのは、ポルトガル人であった。当時のポルトガルは、遠くアジアにまでどんどん進出し、最先端の科学を伝える先進国だったのだ。今は中国の特別行政区になっているマカオ。ここは、アジアにおけるポルトガルの一大拠点であった。ポルトガルは一五五七年に明《みん》から居留権を得、マカオは中国大陸における唯一のヨーロッパ人居留地となった。この時代、まだイギリスもオランダもフランスも中国大陸になど進出してはいない。

このポルトガルの世界進出は、大航海時代に始まる。ポルトガルは一五世紀には早くも海洋進出を開始。アフリカ西岸を南下し、黒人貿易などに乗り出した。一四八八年にはアフリカ最南端の喜望峰に到達し、大航海時代の先鞭をつ

植民地一覧

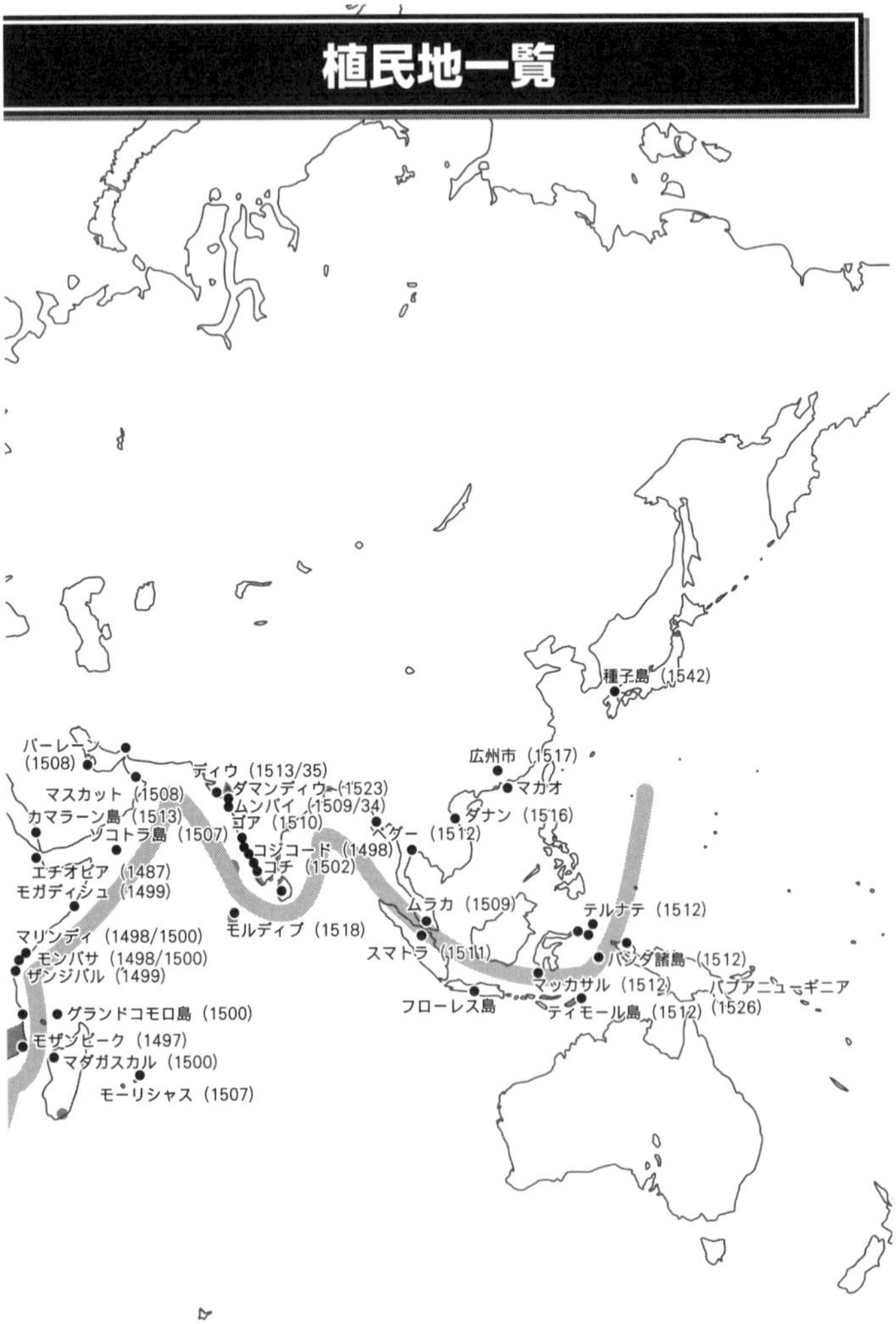

種子島（1542）
バーレーン（1508）
ディウ（1513/35）
広州市（1517）
マカオ
マスカット（1508）
ダマンディウ（1523）
ムンバイ（1509/34）
カマラーン島（1513）
ダナン（1516）
ゴア（1510）
ソコトラ島（1507）
ペグー（1512）
コジコード（1498）
エチオピア（1487）
コチ（1502）
モガディシュ（1499）
ムラカ（1509）
テルナテ（1512）
モルディブ（1518）
マリンディ（1498/1500）
モンバサ（1498/1500）
スマトラ（1511）
バンダ諸島（1512）
ザンジバル（1499）
マッカサル（1512）
パプアニューギニア（1526）
グランドコモロ島（1500）
フローレス島
ティモール島（1512）
モザンビーク（1497）
マダガスカル（1500）
モーリシャス（1507）

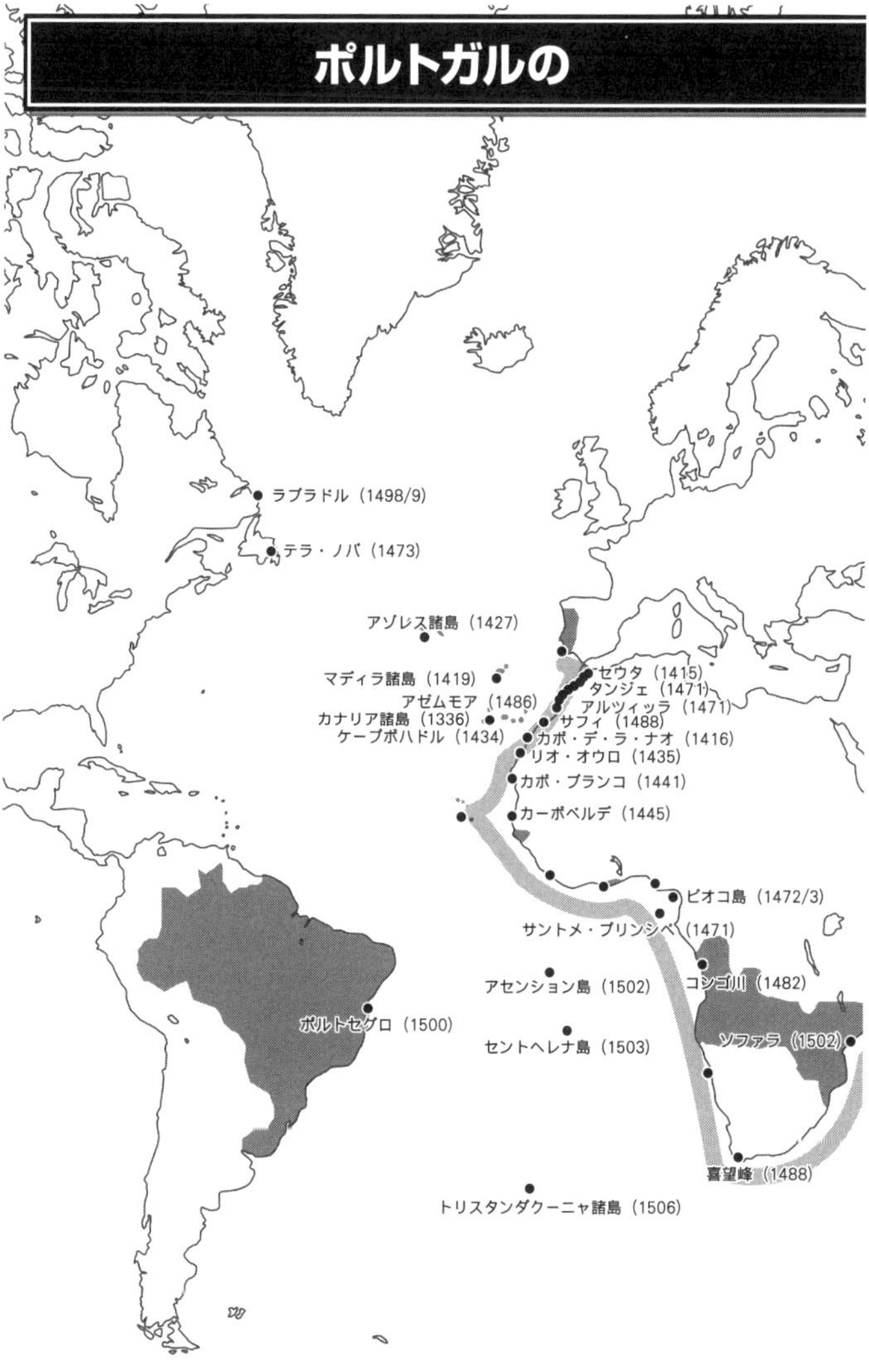
ポルトガルの
ラブラドル（1498/9）
テラ・ノバ（1473）
アゾレス諸島（1427）
マディラ諸島（1419）
アゼムモア（1486）
カナリア諸島（1336）
ケープボハドル（1434）
セウタ（1415）
タンジェ（1471）
アルツィッラ（1471）
サフィ（1488）
カボ・デ・ラ・ナオ（1416）
リオ・オウロ（1435）
カボ・ブランコ（1441）
カーボベルデ（1445）
ビオコ島（1472/3）
サントメ・プリンシペ（1471）
コンゴ川（1482）
アセンション島（1502）
ポルトセグロ（1500）
セントヘレナ島（1503）
ソファラ（1502）
喜望峰（1488）
トリスタンダクーニャ諸島（1506）

けた。その時代で名高いのが、ヴァスコ・ダ・ガマだ。ヴァスコ・ダ・ガマは一四九八年、ついにインドに到達した。一方、一五〇〇年にインドを目指したペドロ・アルヴァレス・カブラルがブラジルを「発見」し、ここからポルトガルによるブラジル植民地化・収奪の歴史が始まる。黒人奴隷貿易によってアフリカから多くの人々をブラジルに連行し、奴隷制砂糖プランテーション農業を主産業とする植民地とする。ブラジルは、ポルトガルに富をもたらすだけの存在として従属と低開発が決定付けられた。

一六世紀末から一七世紀にかけて、ポルトガルはアフリカ内陸の植民地化に努めるようになり、西海岸のアンゴラ、ギニアビサウ、東海岸にモザンビークをポルトガル領とし、ブラジルと共にポルトガルの植民地帝国としての富の源泉となった。一六九六年にブラジル南東部のミナスで金が発見されると、ゴールドラッシュが発生。ポルトガルには多量の金が流入し、ポルトガルの上流支配階級は驕奢《きょうしゃ》をきわめる生活をするようになる。

しかし、こんな時代は長くは続かなかった。ポルトガルは一七世紀後半から、台頭するオランダ・イギリスにじりじりと押されていく。そしてその衰退を決定付けたのが、一七五五年のリスボン大地震であった。

　一七五五年一一月一日、ポルトガルの首都・リスボンは激しい揺れに見舞われた。マグニチュードは八・五～九・〇と推定されている。リスボンの中心部には五メートル幅の地割れができ、実に建物の八五％が破壊された。それにより、約二万人が即死。首都は壊滅した。津波の被害もすさまじかった。地震から約四〇分後、津波が押し寄せ海水の水位はどんどん上がって港や市街地を飲み込み、テージョ川を遡った。一五メートルもの津波はさらに二回、市街地に押し寄せ、かろうじて建物倒壊の難を逃れ避難していた市民（約一万人）を飲み込んだ。津波に飲まれなかった市街地では火の手が上がり、火災旋風となって、その後五日間にわたってリスボンを焼き尽くした。当時、リスボンは二七万五〇〇〇人の人口を数えたが、最大で九万人が死亡したと言われる。ポルトガルの他の町もリスボンと同様の惨禍に見舞われた。特に震源地に近い南部の被害は大きく、南西端のサグレスではなんと、三〇メートルもの津波に襲われている。

このリスボン大地震は、大航海時代のポルトガルの栄華に完全な終わりを告げるものとなった。この日以降、ポルトガルは二度と世界の盟主になることはなかった。

関東大震災は昭和金融恐慌まで引き起こした

本章の最後は、やはり日本についての話で締めくくりたい。それは、災害大国である日本人に対する警告こそが、本書で何より重要であるからだ。経済に甚大な影響を与えた天災と言えば、やはり関東大震災を挙げねばならない。「大正大震災誌」（報知新聞付録・大正一二年九月）を基に、原文に忠実に私の説明を加えながら現代用語に置き換えて引用してみたい。

――一九二三年（大正一二年）九月一日。この日はちょうど二一〇日の前日だった。東京地方は午前三時頃、やや激しい風雨を催したので農家は厄日を気遣い始めたが、夜が明けてみるとカラリと晴れてさわやかな初秋の朝日を見せた。人々がホッと息をついた昼食の支度を整えた頃、不意にどこからともなく異様な音響が鳴り響いてきた。たちまち大地が波うち始めて、振動は次第に激しく、やがて一大震動と共に、壁が崩れ、屋根が落ち、塀が倒れ、柱が折れ、家という家はことごとく大破し、潰れた。土煙が八方から上がるのが見えると、早くもその中から紅蓮の炎が立ち上がり始めた。二度目の強震がきた時は、ほとんど屋内にいる者はなかった。逃げ遅れた者は悲鳴を上げて助けを呼ぶ。阿鼻叫喚の大地獄は、至るところに現出された。（中略）

浅草に凌雲閣《りょううんかく》という塔があった。一八九〇年（明治二三年）に東京における高層建築物の先駆けとして建築され、日本初の電動式エレベーターまで設置されていた。その名は「雲を凌ぐほど高い」ことを意味し、展望室からは東京界隈はもとより関八州の山々まで見渡すことができた。当時最先端の建築技術の粋を集めて建てられたこの塔は、激震により六階目から無惨に折れて、下敷きになった者は数知れず、付属の一二階劇場では折から公演中であったが、地響きと共にベチャッと潰れて、登場俳優は全員即死した。

浅草界隈は花柳界の中心なので、女子供の逃げまどう姿がいっそう惨めであった。土曜日の一日というので、人がたくさん出ている時間だった。大歓楽境はたちまち大叫喚、大修羅の焦熱地獄となった。火事と共に恐ろしいつむじ風が起こった。火災旋風である。観音堂裏で巻き上げられた人間が、加速度を付けて空から落ちて来ると、ひきがえるのように大地へ叩きつけられて、うんとも言わず即死を遂げた。樫の木の大枝が、すさまじい音を立てて裂け落ちたと思ったら、風をおそれて幹にすがりついていた女性が、額を打たれて悶絶した。銅像前に凌雲閣のけが人が一〇余人、戸板に載せて救い出されていた人々が、追いかける火に包まれて、枕を並べたまま焼死していた。寄席の付近では、空から椅子やテーブルが降ってきた。何者のいたずらかと仰いで見ると、恐ろしい旋風にあおられて、かなり大きな家具のたぐいが、木の葉のように飛んでいたという。

（報知新聞付録　大正一二年九月）

この火炎旋風による被害がもっともすさまじかったのが、本所の陸軍被服廠跡地であった。火災旋風とは、一言でいえば炎の竜巻だ。一〇〇〇度を超える炎、その内部は秒速一〇〇メートル以上という暴風で高さ二〇〜三〇メートルにまで人も物も吹き飛ばし焼き尽くす、想像を絶する炎の竜巻だ。本所区（現在の墨田区）横網町の陸軍被服廠跡地。ここには、本所・深川方面から火に追われて四万人近い人々が押し寄せ、地震から三時間が経過した午後三時頃には、二万坪以上ある広場が避難者でいっぱいになった。しかし周囲に延焼し四方から火が襲ったため、午後四時頃に広場にすさまじい火災旋風が発生した。旋風はまるで悪魔のようなうなりをたてて避難民に襲いかかり、木材も車も家財も人も火のかたまりとなって、宙に舞い飛んだ。また、大火焔《かえん》は人と荷物をひとなめにし、断末鬼の叫びが関の声のようになって廠内に響き渡った。夜八時頃に鎮まるまで、約四時間で約三万八〇〇〇人もの人々が焼死または窒息死した。

こうして関東大震災では、一〇万五〇〇〇人余が死亡あるいは行方不明となり、建物被害においては全壊が一〇万九〇〇〇余棟、全焼が二一万二〇〇〇余棟と、まさに未曽有の大災害となった。しかし、コトはそれだけで収まらなかった。経済にも甚大な影響を与えたのだ。

関東大震災では当時の日本銀行の推計で四五・七億円の損害が出た。当時の国家予算が一五億円、またGNPは一五〇億円であったことを見ても、いかにその被害で過酷なものであったかがわかる。このため、被災した企業が支払いができなくなる事態を想定して、震災直後の九月七日には緊急勅令によるモラトリアムが出され、被災地域の企業・住民を対象とする九月中を支払期限とする債務については支払期限を一ヵ月間猶予した。

さらに、九月二九日には震災手形割引損失補償令が出された。被災地の企業が振り出した割引手形を対象として日本銀行が再割引に応じて現金を供給した。支払いに二年間の猶予を与え、日本銀行が損失を被った場合は政府が一億円まで補償するという内容であった。これを「震災手形」という。しかし、実際には持ち込まれた手形のうち、震災を原因として本当に困窮に陥ったものについては「リスクが大きい」として排除され、その一方で一応の担保を備え形式を整えた手形が「安全」と見なされ震災手形の扱いを受けた。その中には、第一次世界大戦後の投機の失敗で決済不能となった手形が大量に紛れ込み、それらの手形は期限が到来しても処理が進まず、二億円を超える膨大な不良債権が残された。

このため、やむなく一年の期限延長を二回繰り返して一九二七年（昭和二年）九月まで延長したものの、なお処理は進まず同年初頭、損失処理のための震災手形関係二法が提出された。

しかし、この処理を巡る政争から金融不安はさらに高まり、ついには昭和金融恐慌を生起させるのである。

大震災の大混乱時に適切な対応を取ることは難しい。どさくさに紛れようとする輩は必ず出て来る。そして政治はとかく形式に陥りがちなので、本当に有効にお金を活かす措置を取るのは至難だ。東日本大震災でも賠償金・補償金成金が指摘されているのは、周知の通りだ。

今後予想される富士山大爆発や首都直下地震では、東日本大震災をはるかに超えるケタ違いの被害が予想され、経済にも壊滅的打撃を与えることは間違いない。おそらく国家破産を顕在化させる未曽有の大混乱が生じるであろう。本章の最後に、富士山大噴火と首都直下地震における想定被害についてお伝えしておこう。

時速一〇〇キロで襲い来る火砕流

まず、富士山大噴火だ。火山噴火のおよぼす被害が地震よりもはるかに大きなものになることは、すでに本書をここまで読まれた読者はおわかりであろうが、今富士山が噴火したらどんなことが起きるのか――そのイメージはなかなか湧かないかもしれない。実際に富士山が大噴火を起こしたら、東海地方や首都圏にはどのような被害がもたらされるのか。まず、よく知られていることとして、東京にも相当な量の火山灰が降って来る。これが電気・水道・交通・農業生産などに、大変な影響をおよぼすのだ。灰が降って来る程度と侮っていてはいけない。ただその前に、火山灰よりももっと恐ろしい事態について述べておこうと思う。それは第一章でも述べた「火砕流」だ。

一九九〇年に始まった雲仙普賢岳の噴火活動を覚えている読者もいることだろう。雲仙岳は、死者一万五〇〇〇人という日本で最大の火山災害（日本の文献に残された史実上という意味）を起こした一七九二年の噴火活動の後、およそ二〇〇年間ほぼ休眠状態にあったのだが、一九九〇年一一月に噴火を再開した。そして九一年の五月下旬から、山頂部東端に成長した溶岩ドームの崩落による火砕流が発生し始めた。

火砕流とはどんなものか。時速一〇〇キロのスピードで襲いかかって来る溶岩の激流だと思っていただくといいだろう。高温の火山ガスや空気と火山灰・溶岩片などの火砕物とが一体となって時速一〇〇キロもの猛スピードで流れて行くのだ。固体の火砕物が濃集した本体部の温度は六〇〇～七〇〇℃にもなり、噴煙（灰かぐら）を高く噴き上げながら、周囲に高温熱風（火砕サージ）を伴い突進して来る。

雲仙普賢岳で一九九一年六月三日に発生した火砕流に飲み込まれて四三人が亡くなった。それでも、このような溶岩ドーム崩落による火砕流の場合は規模は小さいのだが、火口から立ち昇った噴煙柱が崩れ落ちて生ずる火砕流は規模が大きくなり、巨大規模の噴火では到達距離はなんと一〇〇キロメートルを超える。一〇〇キロメートル――東京は富士山から直線距離だとちょうどその距離にある。

二〇世紀における死者一〇〇〇人以上の火山災害一一件中の八件は火砕流によるものだ。多くの富士山大噴火に関する予想は、江戸時代の宝永大噴火を元にしている。宝永大噴火は降灰がメインとなる噴火だったため、火砕流は噴出しなかった。しかし、平安時代の貞観大噴火の際には、数ヵ月間も溶岩が流れ続けたとされる。あの東日本大震災は、貞観以来の大地震だったことを思い出してもらいたい。

降灰によって交通は完全にマヒ、電気などのインフラも全滅

次に、降灰被害が大きかった江戸時代の宝永大噴火と同規模の噴火が起きた場合、どんな事態が想定されるか見ていこう。宝永大噴火は、当時の江戸市中にも約七億立方メートル、東京ドーム五六〇杯分の大量の火山灰を降らせた。しかも、数週間にわたって降り注いだとされる。内閣府は二〇〇四年に、富士山の火山灰がどのくらい飛び、どのくらい降り積もるのかを想定した「ハザードマップ」を作成したが、それによれば静岡と山梨の県境周辺で三〇センチ、東京から千葉一帯にかけても二～一〇センチ程度の火山灰が降る可能性があるとしている。

このように、もし首都圏が灰まみれになってしまったら、どのようなことが起きるのか——。防災科学技術研究所によると、「建物などに積もった火山灰は、建物が潰れるほどの加重を加える可能性があります。とくに火山灰が湿っている場合には、この傾向が顕著です」という。火山灰は水とすぐに混ざって泥状になるので滑りやすく、交通が困難になったり、火山泥流を引き起こす要因になったりもする。宝永大噴火では、上空二〇キロメートル以上まで噴煙があがったと言われていて、そうなると周辺は航空機が飛べなくなる。二〇一〇年四月のアイスランドにあるエイヤフィヤトラヨークトル山の噴火では、欧州約三〇ヵ国の空港が一時閉鎖し、一週間に一〇万便の航空機が運休した。

火山灰は細かく、融点の低いガラス質の成分を含む。そのため、操縦席の窓ガラスが傷ついて前方の視野が奪われる。また、火山灰がエンジンの燃焼室に吸い込まれると溶けてタービンの羽根などに付着して固まったり、エンジンのタービンを冷やす冷却孔が塞がれたりして、エンジンが故障してしまうのだ。空の便ばかりではない。東海道新幹線は運行停止となり、東名高速や首都高などの高速道路もスリップの影響で不通に。さらに一般道も渋滞し、除灰作業が完了するまでは通行不可となる。つまり、首都圏および各大都市間を結ぶ流通の大動脈ともいうべき交通機関はすべてマヒしてしまう。

当然、停電も発生する。東京湾周辺にある火力発電所。ガスタービン式の火力発電は、外からの空気を取り込んで燃料を燃やして発電する。つまり上述した航空機と同じ原理で、取り込んだ空気に火山灰が混ざっているとタービン内に灰が入り込んで故障してしまうわけだ。原子力発電がすべて止まっている現状で火力発電が停止すれば、エネルギーを供給する手段がほぼなくなる。発電所が止まらないまでも、水分を含んだ火山灰は電気を通してしまうので、送電線に降灰すれば高圧線が漏電して停電を引き起こす。

また、火山灰の重みで送電線が切れることもある。実際に二〇一六年一〇月の阿蘇山噴火では、噴火当日に降灰で送電設備の機能が損なわれ、熊本・大分両県の数万戸で停電が発生した。ある意味、あの程度の噴火でも数万戸の停電が発生したのだ。首都圏に大停電が起これば、企業のコンピュータや銀行のＡ

TMも止まる可能性が高い。

火山灰がパソコンやテレビ、カメラなどの中にまで入り込んで、修理ができないような故障を引き起こす可能性もある。高層ビルなどに備え付けられている携帯電話の中継システムも、機器に火山灰が付着すればシステムが故障して携帯電話やインターネットが使えなくなる恐れがある。首都圏がこのような状態に陥れば、日本経済に壊滅的打撃を与えることは想像に難くない。

私たちに便利な生活を提供してくれる電気ばかりではない。便利な生活の前にあるべき食と健康も脅かされる。前出の防災科学技術研究所によると、火山灰は大気中に数ヵ月間滞留するので、健康に悪影響をおよぼし、火山灰が大量に降った場合、水源の汚濁や農作物への被害が生じることもあるとしている。富士山の噴火によって火山灰が水道の水源地にも降り注げば、飲料水にも影響が出てしまい、また停電が続けば上下水道も停止となりかねない。都市ガスも同様で、電気の供給がなくなれば停止となるかもしれない。つまり、ライフラインが完全にストップ状態になる恐れもあるのだ。

農作物に関しては言うまでもないだろう。東海から関東で農作物が大打撃を受け、田畑が数年間は耕作不可となり、野菜などの価格も高騰。経済悪化に追い打ちをかけることになるだろう。

そして降り注ぐ火山灰は、多くの人々の健康も損ねることになる。目・鼻・喉などの健康被害が多発し、慢性の喘息が悪化する人も出て来る。火山灰には微小のガラス片も含まれるため、失明する恐れもあってコンタクトレンズは使用不可となる。

最悪の場合、降灰は一年以上続くという。一体、東京は、首都圏は、どうなってしまうのだろうか？　間違いなく言えることは、もし二〇二〇年以前に噴火が起きれば、東京オリンピックなどはとてもやってはいられない。当然、中止となるだろう。東大名誉教授で火山噴火予知連絡会会長の藤井敏嗣氏はこのように述べている。「三〇〇年以上休んでいる富士山が次に噴火する時には、大規模で爆発的な噴火をすることも想定すべきだ」（ＮＨＫ「そなえる防災」）。

首都直下地震は国家破産の引き金となる！

最後に首都直下地震だ。大地震の被害に関しては、東日本大震災の記憶が新しい現在、人的被害について述べるのは本章では割愛したい。では、その経済的影響はどのくらいになるのか。内閣府経済社会総合研究所が二〇一〇年に発表した「首都直下地震がマクロ経済におよぼす影響についての分析」という論文から要約しよう。この論文の共著者は一橋大学大学院経済学研究科教授の佐藤主光氏と、読者の皆様もご存知であろう小黒一正氏（現在、法政大学経済学部教授。執筆当時、世界平和研究所主任研究員 兼 経済産業研究所コンサルティングフェロー）である。

中央防災会議がまとめた「首都直下地震」（東京湾北部地震M七・三）の被害想定によると、その経済的な被害は甚大となり、建物・インフラ設備の損害だけで復旧費用は六六・六兆円、間接被害を加えると、経済被害は約一一二兆円

（国内総生産の約二割）に達すると試算されている。さらに金利の急上昇、財政の破綻の確率を総じて高めることも示された。たとえば、財政破綻の確率は二〇一五年に震災のある場合、二〇二〇年時点まで震災のないケースの一一％から四三％まで急激に高まることになる。

首都直下地震は、ＧＤＰの二割を吹き飛ばす。経済的被害は、東日本大震災の比ではない。そして、国家破産の確率をさらに高める。このシミュレーションは二〇一〇年に計算されているため、地震の発生は仮に二〇一五年としているが、要は二〇二〇年以前に首都直下地震が発生すれば、東京オリンピックの年の国家破産確率は五割に迫るということだ（そうでなくても一割以上の確率ではあるのだが）。内閣府が、経済の専門家が、分析の結果そう結論付けているのだ。この国に生きる私たちはやはり、天災に、そして国家破産に十二分に備えておくべきだろう。

第四章　今後、想定されること

巨大噴火後の世界とは

ここまでは、過去の火山噴火によって人類がいかに翻弄され、厳しい環境を生き延びてきたのかを見てきた。今、噴火の危機が叫ばれているイタリアのカルデラ火山を遠い異国の天災と侮ってはいけないことが、よくおわかりいただけたのではないだろうか。

しかし、読者の皆様の中には、まだ実感がわかないという方もいらっしゃるかもしれない。これだけ科学技術が進展し、歴史から得た教訓もあるのだから、それほど極端なことにはならないのではないか、浅井隆は悲観的過ぎるのではないかと。

ハッキリ言おう。その考えは甘過ぎる。自然の猛威とは、常に人間の想像をはるかに超えるものだ。最悪のシナリオをも想定し、それでも生き延びる方法を模索すること。それこそが、巨大火山噴火後の世界を生き抜くための心構えと言ってよい。噴火によって世の中がどのように変化し、自分の身の回りでどのようなことが起きるのかをシミュレーションし、万全の対策を取ることが極めて重要なのだ。この章では、イタリアのカルデラ火山「カンピ・フレグレイ」が二〇一九年に噴火したと想定（その頃に噴火する可能性が高いと筆者は考えている）し、その後の世界で何が起きるのかをシミュレーションしてみた。もちろん空想上の話ではあるのだが、専門家の様々な知見や歴史上起きたことを考慮し、より現実的にイメージできるよう心がけた。これと同じようなことが起きる可能性は、極めて高いと自負している。今後の対応策検討に大いに参考としていただきたい。

火山大噴火――悪魔の息が世界を覆い尽くす

イタリア第三の都市、ナポリ。歴史に彩られた風光明媚なこの町の南東には、大きな火山が静かにそびえている。市民はこの山に畏怖と親しみの感情をいだき、観光に訪れたものは、誰もが美しい街並みを従えるこの山を脳裏に焼き付ける。ヴェスヴィオ山。紀元七九年、この火山の大規模な噴火は、南東約一〇キロに位置する町ポンペイを、わずか二〇時間足らずのうちに「死の町」に変えた。時速にして一〇〇キロ以上、数百℃という灼熱と猛毒ガスの火砕流が街を呑み込み、約二〇〇〇人の住民たちは避難する間もなく焼死、あるいは窒息死したのだ。

その上に降り積もった火山灰が町と住民を丸ごと覆い尽くしたため、当時の建造物や美術品がほぼそのままの形で保存されることとなった。なんと、苦しみながら死んだ人たちの状態もそっくりそのまま残されたのである。ナポリ観光を堪能する人々の多くが、この「ポンペイの悲劇」の記憶と教訓を胸に刻んでナポリを後にすることとなる。もちろんそれは、あくまで「他人事」としてだが。

しかし運命の二〇一九年×月×日、「ポンペイの悲劇」が決して他人事ではないことを全人類が思い知ることとなる、究極の事態がナポリ近郊で勃発したのだ。ポンペイをひと呑みにしたヴェスヴィオ山の噴火をはるかに上回る規模の巨大噴火が発生する。ナポリの西約一〇キロにある、カンピ・フレグレイ（フレグレイ平野）がついに噴火したのだ。火山学者が予てから予測していた最悪規模（人類が絶滅しかねないレベル）からは小さかったものの、約四万年前にネアンデルタール人を絶滅に追い込んだ空前の大噴火に次ぐ大規模なものだった。当然ながら、ナポリは直後に噴火の直撃を受けた。まず噴火から数十秒後、すさまじい衝撃波が町中の西側の窓を一斉に打ち砕いた。外を歩いていた老人はなぎ倒され、防犯ブザーを搭載した車からはいっせいにサイレンが鳴り、街はいきなり混乱の坩堝《るつぼ》と化した。音速を超える衝撃波は周囲数十キロにおよんだ。また、その噴火音は、なんとナポリから遠く七〇〇キロ近くも離れたミラノや九〇〇キロ近く離れたギリシャのアテネでもハッキリと聞こえた。

噴火からわずか数分後。約一〇〇万人のナポリ住民のうち、噴火を予測して避難していた人たちは少数派だったため、この衝撃波をじかに体感した約八〇万人は、逃げる暇《いとま》もないまま灼熱と猛毒の火砕流に飲み込まれた。「ポンペイの悲劇」の再来だ。人間を含むあらゆる生物が息絶えるまでの数十分間、街には地獄が出現した。火砕流で町は真っ暗となり、人々は猛毒ガスにもがき苦しみ、あるいは数百℃の熱風に気管支や肺を焼かれた。さながら原爆の被爆直後のような状況である。やがて人々が死に絶え静寂が街を支配すると、火山灰が街を跡形もなく覆い尽くした。同様の被害はナポリにとどまらず、ナポリ周辺の約一〇〇キロ圏内の住民、約五〇〇万人にもおよんだ。

後に「ナポリ大噴火」と名付けられたこの大噴火は、わずか二、三日のうちにナポリの北西約二〇〇キロにある首都ローマも一飲みにした。まず、火山灰が到達するや、停電や交通障害、通信途絶などが一気に発生、都市機能がマヒした。噴煙で町は夜のようになり、細かいチリのような火山灰がローマ市民の肺を直撃、病院は急性の呼吸困難患者で溢れかえった。避難しようにも車は大渋滞で使えない、停電で電車は動かない、家族と連絡しようにも電話はつながらない、国外脱出しようにも飛行機が発着できないという状態になり、人々は大パニックに陥った。マスクなしで外に出ることもままならない状況で、物流

カンピ・フレグレイはナポリの西10キロにある

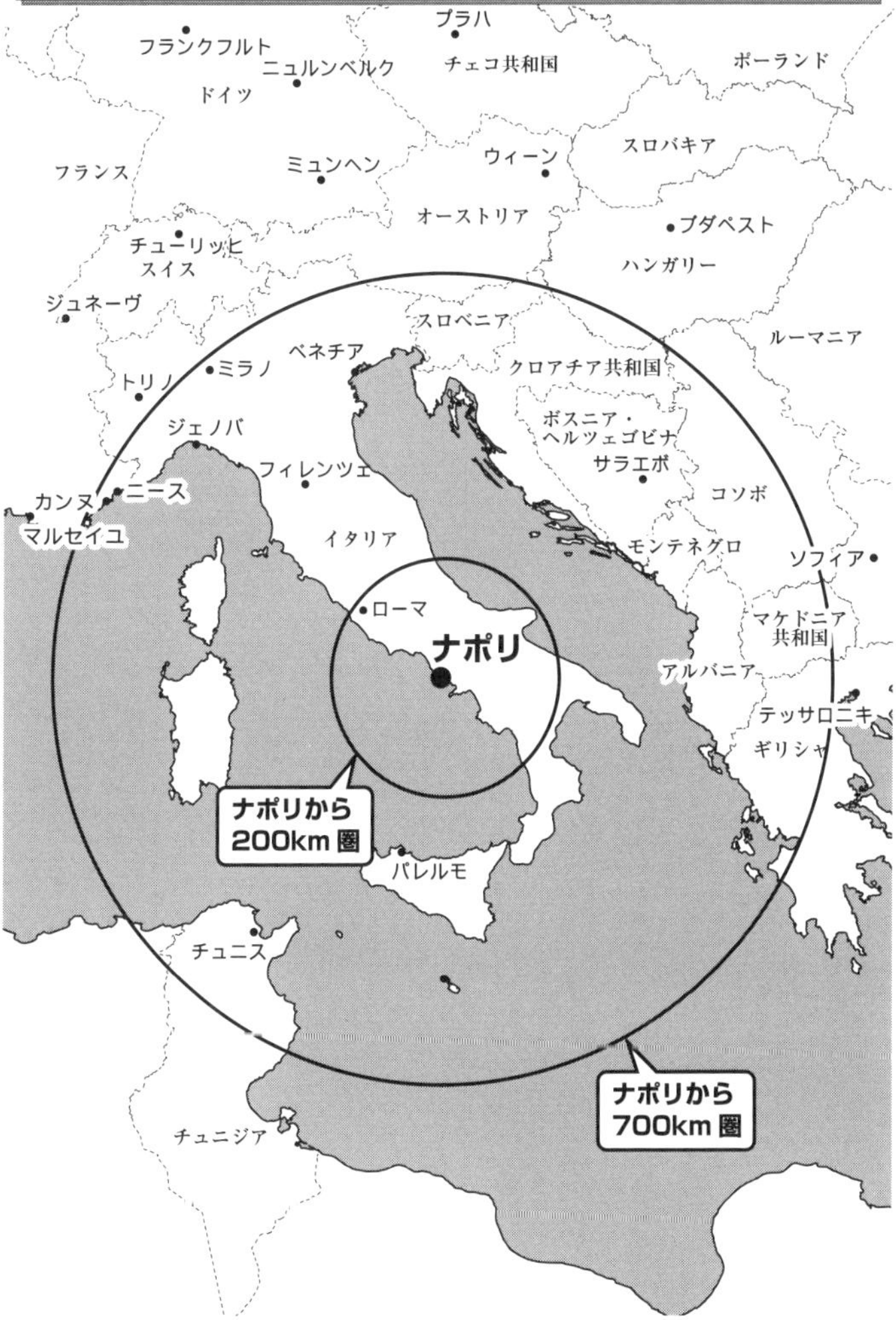

も機能しないため、数日後には食糧が枯渇、いよいよ危険な状態となった。

世界各国からマスメディアがその地球規模のスクープを収めようと大挙したが、十分な準備を行なってこなかった取材チームは次々と噴煙の餌食になった。取材ヘリの墜落、有毒ガスによる中毒死、気管支疾患などだが、中には地元住民に襲撃を受けて命を落とした者もいた。食糧やマスクなどを狙う住民たちが「追いはぎ」と化したのである。もはや、都市は無政府状態に陥っていた。

首都ローマ、そしてキリスト教の総本山であるバチカンを守ろうとイタリア政府はあらゆる手を尽くしたが、大自然の猛威にはまったく歯が立たなかった。絶え間なく降りしきる火山灰に加え、風向きによっては有毒の火山性ガスがローマ市街にまで到達する事態となったのだ。そしてついに、イタリア政府とバチカンは首都機能の移転を決定、住民には無期限の避難命令を発した。首都放棄である。こうして、ナポリのみならずローマまでもが「死の町」と化した。

政府の避難命令を受けてようやく避難を始めた人々は、さらに過酷な事態に見舞われた。降りしきる火山灰といつ襲うかわからない有毒ガスに怯えながら、防毒マスクを装着してひたすら徒歩での避難行を余儀なくされたのだ。財産らしい財産も持ち出せず、水や食べ物にも事欠くありさまで、老人や病弱な人から次々に行き倒れていった。まるで旧約聖書の創世記に登場する「ソドムとゴモラ」の逸話さながらの光景を目の当たりにし、人々は神話や宗教的伝承が極めて道徳的な示唆に富むだけでなく、それが実際に起きた事実に基づいたものだったということに遅ればせながら気付いた（ちなみに、ソドムとゴモラの逸話は、火山噴火ではなく隕石の落下によるものとみられている）。

一方、噴火の一報を受けていち早く避難行動を起こした一部のイタリア国民は幸運だった。彼らは無事に国外脱出することに成功したのである。また、欧州や中東、北アフリカに住む一部の敏感で賢明な人々もまた、即座に行動を開始し難を逃れた。こうした人々は、短期的には何とか身の安全を確保できたが、それとて十分な対策ではなかった。後にわかったことだが、避難先に選んだ場所によってその後の運命が大きく変わっていったのである。

甚大な被害をもたらした「ナポリの大噴火」によって、イタリア政府は国家非常事態宣言を発動、戒厳令や経済統制を強めたが事態は悪化するばかりだった。日を追うごとに国外脱出をしようとする人々が陸路、海路に押し寄せた。しかし近隣諸国も無制限な受け入れはできず、シリア難民問題以上の深刻な外交問題に発展した。そうこうしているうちに、いよいよ大噴火の影響は世界レベルに拡散を始めた。噴出物が成層圏にまで到達し、世界中の空に到達し始めたのだ。

気候変動の本格化――そして日本国破産

噴火から約一ヵ月、エーロゾルと言われる粒子の細かい噴出物や二酸化硫黄などが大気循環によって拡散され、地球を覆い始めた。するとこれが太陽光を遮断、いわゆる「日傘効果」によって、世界中の気候が徐々に変化してきたのだ。日照不足によって気温が下がり始めると、特に北半球の農業生産地帯は一勢に打撃を受けた。欧州のみならず、ロシア、中国、そしてついに米国の穀倉地帯にまで日照不足がおよぶと、食糧の需給がひっ迫すると見た投機筋が買占めに走り、農産品は現物、先物価格いずれも連日すさまじい急騰を見せた。

このあおりを受け、食料品は世界中で便乗値上げが横行したが、なかでも日本は食料自給率が低いため、そのあおりをもろに受けた。小麦や大豆、外国産の肉類などの国内価格は、わずか数ヵ月で値段が六倍以上になった。

もちろん、原油価格もうなぎのぼりとなった。気象学の専門家による分析で、向こう一〇年単位で日照不足や寒冷化となることが予測されると、エネルギー需要が急激に増え、国家レベルでのエネルギー調達に向けた外交戦が巻き起こった。産油国ロシアは目に見えて強硬な姿勢となり、原油欲しさにすり寄る国々に法外な要求を突き付けた。自国内でエネルギー需給を賄える米国は、保護主義をさらに強化し、孤立主義路線に転じた。欧州はロシアの言いなりとならざるを得なくなり、中東諸国は再び潤沢に集まり始めたオイルマネーを元手に紛争を激化させた。もちろんその裏では、中東諸国に大量の武器弾薬を売りさばく欧米露の「死の商人」が暗躍していた。

世界は、噴火からわずか一年足らずでまったく別の物に変わってしまった。

食料自給率が低く、エネルギー需要のほとんどを輸入に頼る日本は、一気に窮地に追い込まれた。まず小麦や大豆、肉類の高騰によって、食卓から洋式の食べ物が消えた。急速な食のシフトでコメ不足になり、緊急に備蓄米が市場に出回ったが、新米に比べ味が劣るという理由で政府には苦情が殺到した。

かねてから備蓄米問題の追及を受けていた伊部総理大臣は、ある日の党首討論でしつこく食い下がる野党議員にとうとう我慢しきれなくなり、「そんなにいやならイモでも食え!!」と逆ギレ発言をし、国会は蜂の巣をつついたような大騒ぎとなった。翌日の新聞には、「首相『コメがいやならイモでも食べろ』、備蓄米問題で」と大きく報じられ、伊部首相には「ロココの女王」という不名誉なあだ名が付けられた。フランス帝政末期と重ね合わせ、〝すわ、革命か〟と色めき立つ少数政党もあったという。

何ともばかばかしい話ではあったが、振り返ってみると、まさにこの発言は日本がフランス帝政末期とまったく同じ状況に直面していること、そして革命的なパラダイムシフトが間近であることを暗に示していたことがわかる。

日傘効果

そして、食料価格とエネルギー価格の高騰は一五〇〇兆円近い政府債務を直撃した。二〇二〇年には極端な金利上昇と著しい円安進行が始まり、すさまじい物価上昇に見舞われたのだ。この時期、為替は一ドル＝一〇〇〇～二〇〇〇円に跳ね上がり、ガソリン価格は一時リッターあたり一五〇〇円を超えた。食料品や生活必需品の物価上昇率は、年五〇〇％となった。スーパーには多少のモノはあるが、とても庶民が手出しできる値段ではなくなっていた。人々は持っていた自家用車を次々に売りに出したが、ガソリンがあり得ないほど値上がりしているため買い手が付かず、鉄くず同然の二束三文で取引された。灯油も天然ガスもべらぼうな値段となったため、冬場になるとホームセンターでは薪や練炭が飛ぶように売れた。都市部では薪や練炭を使い慣れない人たちによる一酸化炭素中毒死や火事が激増、多くの自治体が「練炭・薪ストーブ使い方講座」を開いた。東京都内でも、野焼きをしたり公園の落ち葉を集めて焚き火をしたりといった、戦後すぐのような光景があちこちで見られるようになった。

世界に目を転じると、さらに重大な問題が発生していた。欧州は火山噴火の影響が特にひどく、局所的には二℃から五℃も平均気温が下がった地域が続出した。高緯度地方では寒冷化で農作物がほとんど採れなくなり、折しも社会問題となっていた中東難民に加えて食糧不足が追い打ちをかけ、都市部では暴動が頻発していた。富裕層は欧州を脱出し、温暖で比較的日照が多い国を目指した。難民化した人々は比較的温暖なフランス南部やスペインなどを目指したが、もはや人口が飽和し受け入れができない各国はこれを拒否。それでも、シェンゲン協定をタテに無理やり入国する大量の人々に、南欧各国はついにEU離脱と国境封鎖という強硬手段に出てしまった。

これを契機にEUは事実上の崩壊を余儀なくされたが、これに対してロシア、米国は静観を貫いた。火山噴火による地球規模での危機に際して、両国はEUへの介入よりEU崩壊による相対的な自国の国力強化を優先したのである。

もちろん、米国でも食糧不足は深刻だった。中西部の穀倉地帯は冷害によって収量が激減、また寒冷化によって畜産に疫病が蔓延したのだ。ただ、こうした事態に時のトランプ大統領は辣腕を振るった。国家プロジェクトとして北米大陸南部のアリゾナ、ニューメキシコ、テキサス、ルイジアナ、フロリダ各州を戦略的食糧生産州に指定、移民を含めた就農者を大量に送り込んで食糧不足に対応させたのだ。さらに、「国境の壁」問題以降完全に冷え切っていたメキシコをはじめ、中南米各国と国防・食糧に関する戦略協定を次々に締結、いわゆる「ブロック経済化」を図ったのだ。また、シェール資源についても同様の産業政策を布き、中西部や北東部などのシェール資源地帯に大量の労働者を送り込んだ。南米大陸に眠る莫大なシェール鉱床を目当てに、アルゼンチンをはじめとした南米諸国とも独占的な貿易協定を結んだ。こうした極めて機動的な対応が奏功し、米国経済は何とかギリギリのところで持ちこたえていた。

高緯度に位置するロシアは、寒冷化の影響がさらに深刻だった。ソ連崩壊時に匹敵する経済混乱と深刻な食糧不足で数百万人の餓死者（政府公表。実際には三〇〇〇万人が死亡した）が出て、クレムリンには「食料よこせ」という庶民が押し寄せた。大統領官邸前では銃撃戦が繰り広げられ、直後からプーチン大統領は政治の表舞台から姿を消した。デモの群衆になぶり殺しにされた、欧州系の秘密組織に謀殺されたなど様々な憶測が流れたが、それは巨大パラダイムシフトの予兆だった。

件の暴動から約一年後、プーチン大統領は驚くべき国家プロジェクトと共に再び登場し、最高権力者として復活を果たした。なんと、潤沢な石油資源を背景に、人工の超巨大食糧生産工場の建設を開始したのだ。さらに、この食糧工場の建設地として、ウクライナ、カザフスタン、キルギス、ウズベキスタン、グルジア、アゼルバイジャンといった旧ソ連邦の南部独立国と新たな同盟を交わし、工場建設と生産技術の供与の見返りとして農産品を独占的にロシアに輸出するという協定を結んだ。つまり、ロシア陣営もアメリカが行なったのと同様に「ブロック経済化」の道を選んだのである。

この「新ロシア同盟」発表の様子は世界のメディアに中継されたが、それは歴史の転換点とも言うべき衝撃的なものだった。プーチン大統領は、世界中から集結した無数のテレビカメラを前にいつもの強面に不敵な笑みを浮かべながら新たな同盟国の首脳と次々に固い握手を交わしていったが、その中になんとトルコ、イラン、イラクの首脳の姿があったのだ。第二次世界大戦以降、石油利権のために欧米諸国に翻弄され続けたイランとイラクが、さらにはNATO加盟国として旧ソ連への最前線という立場を守り続けたトルコが、巨大火山の噴火と気候大変動という危機を生き残るために、ロシアとの経済同盟というとんでもない大決断をしたのだ。

もはや同盟の体をなさなくなったEU各国に、決定的ともいえる深刻な動揺が走った。それぞれの国では、引き続き米国側に付くのか、トルコのようにロシアに鞍替えするのかで国内世論が真っ二つに割れた。

食糧とエネルギー。この二つの要因を軸に、新たなパワーバランスによる新秩序が急速に形作られていった。

慢性的な寒冷化――暗黒時代の到来

火山噴火から五年。地球環境への影響は時間を追うごとに深刻となっていた。

噴煙や硫黄化合物が地球を厚く覆う「日傘効果」によって、地球の平均気温は四℃からもっとひどいところでは八℃も下がっていた。極地方の氷床は融解をやめ、逆に海氷がより広い範囲を覆うようになり、極地方に近い一部の海路は航行困難となった。日照と平均気温の低下は、人類全体にボディブローのようにジワジワと襲いかかった。

日本は、まるで終戦直後さながらの極限状況に陥っていた。断続的に何度もおとずれる金利の急上昇と加速度的な円安によって、その都度インフレ率は数百％台に跳ね上がり、国民生活は完全に破壊された。以前であれば、スーパーに行けば食料品があった（ただし破格の高値で）が、今では物すら置いていない。たまにどこかの産地の、見るからに鮮度の悪い食料品が入って来ると、人々は奪い合うようにそれを買っていった。中小のレストランや外食は次々廃業し、大手チェーンですら店舗数を九割も減らしてなんとか営業していた。

都市部では町の景色が様変わりした。まず、街路樹はほとんど伐採され、大半の家では庭木も切られた。燃料の薪にするためだ。立派な大木が立っている家は金持ちとみなされ、泥棒に目を付けられるようになった。近所に空き家ができると、誰がやっているのかわからないが、少しずつ家が解体されていった。どうやら近隣住民が燃料の足しにしているようである。燃えるごみはすべて燃料となり、ごみ集積場には家で燃やせないものしか出されなくなった。

街中を走るのは、電動自動車や電動バイクがほとんどとなった。ガソリンがリッター五万円を超え、ガソリン車はもはや金持ちの道楽以外の何物でもなくなったからだ。電気自動車の購入時にガソリン車を下取りに出すと、法外な手数料が取られるようになった。そこで人々は、ガソリン車の不法投棄を行なうようになり、かつては垂涎の的であった超高級外国車が町はずれに無造作に捨てられているのも珍しい光景ではなくなった。

生活の中身も大きく様変わりした。洋服は見た目よりも実用重視で地味なものばかりが出回り、また多くの人が古着を着倒すようになった。うっかり華美な格好をすると、モノを持っていると思われ襲われかねないからだ。どの町もおしなべて治安は悪く、夜に出歩く人は極めてまれである。女性も、化粧をしていると目立って危険という理由から、化粧をせずマスクを付ける人が激増した。日照不足によるうつ病やくる病といった病気が蔓延し、ちょっと天気がいい日になると人々は仕事を切り上げ、ひたすら日光浴にいそしんだ。医者にかかると法外な費用が取られるため、病気にかかったら最後、あとは運良く治るのを祈るか死を覚悟する他ない。人々の一番の関心事は、「いかに乏しい栄養事情の中で健康を維持するか」ということになった。

企業業績は完全に明暗が分かれた。外食産業は、食料品の高騰で軒並み壊滅的状況となった一方、大手電力会社は空前の業績を記録した。なんと、廃炉寸前だった原発を再稼働させ、荒稼ぎを始めたのだ。稼働直後こそ住民による反対運動が起きたが、食料生産（植物工場）など様々な方面での電力供給が安定すると、誰も何も言わなくなった。一方、新電力のうち太陽光発電を行なっていた会社はほとんどが倒産を余儀なくされた。国内では発電に十分な日照が得られなくなったためだ。食品メーカーでも、アイスクリーム、清涼飲料、ビールなどは売り上げが激減、さらにサングラスや日焼け止めなどは需要がまったくなくなった。

一方で、缶詰やレトルトパウチなどの保存食や冷凍食品はとにかく重宝がられ、相次ぐ値上げにもかかわらず飛ぶように売れた。特に数が少ない缶詰などは高級品扱いとなり、ネットオークションなどではコンビーフが一缶で一〇万円などという超高値で取引されるようになった。携帯カイロ、保温素材の服、防寒具、電池、サプリメント（日照不足対策用）といった日用品の需要も伸び、こうした会社の株価は急騰した。

農業は壊滅的と言ってよい被害を受けていた。平均気温が5℃近く下がったため、あらゆる作物の北限が一気に南下したのだ。北海道、東北北部では稲作をはじめとした主要農作物が壊滅的被害を受けた。南東北では辛うじてジャガイモなど寒さに強い作物を植えられたが、北海道などは日照不足もあいまって、大規模な作付けは事実上困難となった。畜産業も疫病が蔓延し飼料価格が高騰したため深刻な打撃を受けていた。農畜産業を廃業し村を捨てる人々が後を絶たず、廃村となったところが続々と現れた。

畜産業の深刻な打撃によって、国民へのタンパク源の供給が極めて憂慮されたが、これに答えを出すべく新たな産業も台頭した。昆虫の養殖工場だ。バッタやハチノコなど、一部地方では郷土食として用いられていた昆虫は、極めて栄養価が高く、また食肉に比べて短期間で養殖できるメリットがある。これに目をつけた人々が養殖工場を建てると、大銀行が次々と融資を開始した。

ただ、日々を食いつなぐにも困る日本人にとっても、昆虫食はハードルが高かった。実際のところ、握りこぶし大もある巨大ゴキブリやゴルフボール大のイモムシをはじめとした昆虫を食材としてみなすには相当な頭の切り替えが必要で、見た目にも口に運ぶにはかなり抵抗感があった。また味も独特の臭みやえぐみがあったため、なかなか受け入れられなかったのだ。しかし、いよいよ背に腹は代えられないという状況に至ると、徐々に昆虫食は普及していった。しぶとく生き残った外食チェーンでは、焼き魚定食の代わりに「焼きゴキブリ定食」を売り出したところ、その価格もあいまってヒット商品になった。

北海道、東北では致命的な食糧不足が続いていたものの、東北以南の地方都市は食糧事情は比較的ましだった。細々と農業や畜産を続けていた人のもとに、農業なら食い逸れがないと考える若者が手ほどきを受けに集まり、何とか生産を続けて地元の需要にこたえていたのだ。もちろん、絶対的に供給が追い付かない状況ではあったが、大都市に比べればまだ食べるものがあることが救いだった。

大都市圏の食糧不足は、もはや危機的状態を通り越し、地獄絵図の様相となっていた。本当に食うに困った人々は、あらゆるものに手を出し始めた。駅前の街路樹に数万羽単位で群れを成していたムクドリを特殊な網で捕獲する者、近くの山に住むカラスをボウガンで仕留める者、公園のハトを罠仕掛けで捕まえる者などが続出、その手管のうまい者には弟子が付き、「お勝手狩猟クラブ」が組織された。夏には近隣の田んぼや沼、河川敷に分け入り、カエルやバッタを捕まえる者が続出した。しかし、やむにやまれずこうした「野生動物」に手を出した者たちは、後に高い確率で代償を払うこととなった。原因不明の奇病に侵され、次々に命を落としていったのである。

別の形で命を落とすものも現れた。ある梅雨入り前の肌寒い夕方に地下鉄で大規模な人身事故が起きた。人身事故自体はそれほど珍しいことではないが、しかしその内容は前代未聞であった。通常、地下鉄で人身事故が起きるのは駅のホームだが、この日の事故は駅と駅の間、つまり暗いトンネルの中だったのだ。さらに驚くべきは、事故死したのが一人ではなく、三〇人だったということだ。警察の調べで、どうやら彼らは地下鉄に棲みついたドブネズミを捕まえて食べる「ネズミ捕食クラブ」の者たちで、大きな獲物を逃すまいと夢中になった末、電車の接近に気付かなかったことがわかった。そんなところに関係者以外の人間がうろついているなど夢にも思わなかった運転手は、警笛を鳴らしブレーキをかける間もなく彼らを轢いてしまったそうだ。後に、地下鉄の現場関係者もこのクラブに関与していたことが発覚した。普通は入れない構内にこうした素人を招き入れ、見返りを得ていた者がいたのだ。「ネズミでも何でも、食わなきゃ死ぬんだからしょうがない」——匿名を条件に取材に応じた「ネズミクラブ」のメンバーの一人は、悪びれる様子もなく、淡々とそう証言した。その一言が、日本の窮状を見事に言い表していた。

そしてついに、追い詰められた国民が暴発する事件が起きる。きっかけは、とある週刊誌がすっぱ抜いた一つの記事だった。「農水省の役人 備蓄米横流し？ コメ利権に群がるあやしい影」――このニュースには腹をすかせた国民が一斉に目の色を変えた。霞が関の農水省庁舎には連日すさまじい人数のデモ隊が押しかけ、中には職員に暴行を加える者まで現れた。

さらにその数日後、追い打ちをかけるような衝撃のスクープが大手新聞の朝刊一面に踊った。「備蓄米 年末にも払底か？ 農水省公表値とずれ」――横流しの事実を裏付けるかのような調査結果に、国民の怒りはついに頂点に達した。

記事の翌日、東京の日比谷公園には数十万人規模のデモ隊が集結し、霞が関の官庁街と首相官邸に押しかけた。それからというもの、日を追うごとにデモ隊の規模は膨れ上がり、半月後にはついに二〇〇万人規模となった。人々は「コメよこせ！」と書かれたカンバンを手に、怒号をあげながら農水省と首相官邸に押し寄せた。機動隊が護衛に出動していたが、一部のデモ隊が暴徒化し、機動隊の隊列を押し破って首相官邸になだれ込む事態にまでなった。さらに、こうした抗議活動は瞬く間に全国に広がり、主要都市で同じような光景が繰り広げられた。

それはまるで、一九三二年の「コメよこせ運動」の再来であった。抗議活動は最悪なものだった。全国で死者九二名、負傷者五七六名を出し、しかもほとんどのところでもうコメはほとんど残っていないという、今さら知ったところでどうしようもない事実がわかっただけだったのだ。人々の間には、絶望の空気が流れた。

最高の移住先に群がる富裕層たち

一方、海外に目を転じれば、日本に劣らず過酷な状況だった。

欧州は今や壊滅的な状況となっていた。ベルギーでペストの流行が確認されると人々は「暗黒の中世」が再来したことを予感し、パニックに陥った。他にも次々と疫病が発生、公表されているだけで約一〇〇〇万人もの人々が命を落とした。少しでも余裕がある人々は、民族大移動さながらに国を捨て、より暮らしやすい低緯度の国を目指した。しかし、南欧から北アフリカにかけての各国は、難民受け入れを強硬に拒絶、国境に軍隊を配備していた。無理やり突破しようとする人々を見せしめ的に射殺する、収容所に収監した難民を本国に送り返さず、食事も与えずに餓死させる、といった惨いやり方も普通に行なわれるようになっていた。

もちろん、主要メディアはこうした非人道的行為を報道しない。強力な言論統制がかかっているからだ。ネット上では、こうした事実を克明に伝える人たちもいたが、政府も躍起になって火消しに回っていた。しかし、こうした「いたちごっこ的やり取り」こそが非人道的行為が事実であることを証明していた。

資産に余裕がある人たちは、近場の南欧や北アフリカではなく、さらに遠い国への移住を目指した。南半球や低緯度地方の国々は特に注目された。

中でも世界一の避難先とされたのがニュージーランドだった。原発がなく、人口も少なく、気候も温暖、治安も良好とあって富裕層の移住先としてかねてから人気があったが、火山の噴火以降、南半球ということもあって火山の影響がもっとも少ないことが判明すると、年間一〇〇万人が移住を目指すようになっていた。人口の爆発的増加とそれに伴う様々な社会問題に手を焼いたニュージーランド政府は、これ以上の移民受け入れは難しいと判断、入国前に厳しい審査を実施するようになった。長い船旅の末、ようやくたどり着いても入国審査が通らないためそのまま帰国せざるを得ないといったケースや、現地で半年以上も再審査を繰り返し、いまだに入国が認められないという人が山のように出た。しかし、本国に帰ってもジリ貧になることは目に見えているため、人々はどんな手立てでも駆使してニュージーランドに潜り込もうとした。中には、以前に永住ビザや就労ビザを得ていた人たちに、ハニートラップばりの手管を駆使して篭絡し、無理やり「家族」になって入国を果たす人も現れた。

ニュージーランドは世界トップの避難地となったが、その他にもいくつかの場所が有望な避難先として人気を集めた。ハワイやコスタリカは、米国からの移住者が急増した。欧州の人々は、アフリカ大陸の旧宗主国を目指す人々が多かった。また、アジア圏ではベトナム、マレーシア、インドネシアへの移住を目指す人々が国、地域を問わず押しかけた。しかし、この東南アジア諸国への移住は、とんでもないリスクが潜んでいたことが後にわかった。中国である。

ついに戦争の火蓋が切って落とされた！

中国においても、気候変動によるエネルギー不足と食糧難は極めて深刻で、もはや国家の維持すら怪しい状態となっていた。中国共産党は反対勢力への苛烈な弾圧を行ない、なんとか二度のクーデターを未遂にしていたが、国内はもはや一触即発の危険な状態になっていた。いよいよ打つ手が尽きた中国政府は、かねてから準備していた究極の作戦を実行した。国民の関心を国外に向け、さらには他国から資源や食糧をゆすり獲るという、歴史的に使い古された作戦だ。

ちょうど、日本で「コメよこせ運動」がクーデターに発展しかねない時期だった。突如、日本国債が暴落した。そのあまりに絶妙なタイミングに世界中で日本国債のパニック売りが起き、日本国債はさらに大暴落、円も一ドル＝三〇〇〇円台から一万円台にいきなり大暴落した。これをきっかけとして、日本に再びハイパーインフレの嵐が吹き荒れた。国際金融市場は大パニックとなり、完全に白旗お手上げ状態となった日本政府はＩＭＦに支援を要請。しかしＧＤＰ比五〇〇％に迫ろうという莫大な政府債務を前にして、ＩＭＦですらなす術を見いだせない状態であった。国債と円の暴落は短期的に日本経済の機能停止を起こし、在日駐留米軍への物資補給や最低限の有事適応能力を維持するための整備にも深刻な影響が出始めた。そして、この最悪のタイミングを狙いすましたかのように、二つの歴史的大事件が起きる。

第一の事件は×月×日に起きた。日本にハイパーインフレのパニックが襲い、上を下への大騒ぎとなっているまさにその最中、突如として中国共産党が尖閣諸島、そして沖縄の領有権を主張し、日本政府に自衛隊の即時撤退を要求したのだ。この時、ある政府関係者は即座に気付いた。国債暴落、国内経済のパニック、自衛隊と駐留米軍の機能低下……一連のシナリオが、完全に中国の思惑で進められていたということを。日本国内が財政破綻で脳死状態になる、まさにそのタイミングを、中国政府は待っていたのだ。

そして、この政府関係者が予想した通り、その後の中国側の作戦行動は極めて周到で迅速なものだった。その日のうちに人民解放軍が尖閣諸島に上陸し、台湾も武力制圧すると、わずか一日で与那国島、西表島、石垣島、宮古島を占領したのだ。完全な奇襲作戦に、さしもの米軍も対応しきれなかった。辛うじて陸上自衛隊の第四師団や第八師団、海上自衛隊の佐世保、呉地方隊が現地に急行、なし崩し的に交戦状態に突入した。日中戦争の勃発である。

さらにそれから数日後、第二の事件が起きる。在ベトナム中国大使館の襲撃事件だ。ベトナムに移住した東南アジア系移民で構成される過激派組織が、中国大使館に乗り込んで銃を乱射、大使と職員十数人が死亡し、しかも敷地内で中国国旗が焼き払われたのだ。この数年、食糧・エネルギー問題で関係が悪化の一途をたどっていた中越関係は、この事件で決定的に決裂した。

中国政府は大使館襲撃と大使虐殺、国旗焼き払いという最大の侮辱行為を理由にベトナムに宣戦布告すると、まるでこうなることがあらかじめわかっていたかのような迅速さで作戦行動を展開した。中国軍はなんとわずか数日のうちに北のハノイを陸上から、南のホーチミンを海上から陥落すると、現地に潜入していた工作員と連携し、移住する多数の外国人を捕虜として収監したのだ。

実はこの第二の事件こそ、中国の一連の武力行動における最大の狙いであったことが後にわかる。大使館を襲撃したのはベトナム人やフィリピン人、タイ人、そして日本人などだったが、襲撃現場で死亡した者以外、全員が事件直後に失踪していたのだ。また、襲撃グループの親族など関係者の証言によると、彼らはある時期から急に羽振りが良くなり、また事件直前には、まるでクスリでもやっていたかのような異常な精神状態だったともいう。この他、武器の入手経路や種類、数々の証言を総合すると、重大なことが見えてきた。大使館襲撃を首謀した者は別におり、しかもそれはある中国政府中枢につながるロシア系財閥の超大物だったのだ。

中国の狙いとは、つまりこうだ。まず日本の財政破綻を決定的なものにし、在留米軍の補給整備を滞らせたうえで沖縄に侵攻する。日米の兵力が沖縄対応に手間取っているその隙を狙って、中越関係に致命的な事件を自ら起こし、ベトナムを占領する。ベトナムは火山噴火の影響を受けてなお、温暖な気候で作物がよく育つ。中国は、まさにその食料資源獲得によって国内世論をかわし、国家の生き残りをかけたのだ。沖縄侵攻はその副産物であったが、米国第七艦隊が十分な兵力を差し向けてこなかったため、その後日中両国は四年もの消耗戦を繰り広げることとなった。

同様の国際的緊張は、アフリカ、東欧でも起きていた。ロシアが旧ソ連邦の独立国家を次々と取り込み、ついにはポーランド、スロバキア、ハンガリーをも陣営に組み込む勢いを見せていたのだ。ドイツを筆頭にした西欧諸国は必死にロシアに抵抗していたが、各地での武力衝突もむなしく、気候変動による食糧難はもはや救いがたいほど各国の国力を奪っていた。

ロシアはこれを好機とみてアフリカ大陸への進出を画策、中東産油国に秋波を送り表向きには相互不可侵の軍事協定を、裏では戦略兵器の供与に関する密約を交わした。ＣＩＡがこうした動きを察知すると、保護主義の殻に閉じこもっていた覇権国家アメリカもさすがに黙っていられなくなり、第五、第六艦隊を中東、アフリカ大陸に差し向けた。いよいよ米ロも一触即発の情勢となった。

そして、二五年後

人類は、過去の凄惨な戦争の教訓をまたもや生かすことはできなかった。米、中、露に主役を変えた第三次世界大戦は辛うじて核兵器の使用は免れたものの約三年半にわたって続き、全世界で三億人以上の人々の命を呑み込んだ。この間、気候変動による食糧不足、疫病の蔓延はさらに進行しこれに世界大戦という自滅行為が輪をかけた結果、世界人口はなんと一〇億人にまで減少していた。

多くの国が壊滅的な状況となったが、奇跡的にその難を逃れた国、地域もあった。その代表的な国の一つがニュージーランドだった。祖国の難を逃れるためにニュージーランドに移住した人たちは、わが身の無事を喜びながらも、祖国に残した大切な人たちを半ば見殺しにした罪悪感にも打ちひしがれていた。

火山噴火から二五年後、気候変動の専門家たちがある重大な変化を観測した。噴火による寒冷化が徐々に収束しつつあることがわかったのだ。そしてこのニュースが、生き残った移民たちにとって一筋の、しかし大きな希望となった。

「祖国に帰って、何か役に立つことをしよう」――誰が口にするでもなく、様々な国の人々がこれを合言葉に次々と行動を起こし、自分の母国に帰って行ったのだ。ニュージーランド以外で難を逃れた人々も、同様に立ち上がった。生き残った彼らには、重大な責務がある。人類の新しい時代を再び作り、そして継承する人を育てるという重要な責務が。

人間は、自然の猛威、深刻な食糧不足や資源不足を前に実に脆い生き物であるが、同時にいかなる危機的局面からも立ち直るしたたかさをも兼ね備えている。人類存亡の危機を乗り越えた彼らは、必ずやそれを成し遂げることだろう。

危機的状況に直面しても生き残るために

いかがだっただろうか。少々興が乗り過ぎた感もあるが、ここで描かれたことは決して荒唐無稽なものではない。すでに第三章までで触れた様々な史実を、現代版に焼き直したに過ぎない。

もちろん、これよりはるかに深刻な事態も過去に起こったが、それでも人類はあらゆる手を使ってどうにか生きながらえてきた。その子孫である私たちは、やはり先達と同じようにこうした危機的状況に直面してもあらゆる生き残りの手立てを模索するべきだ。

では、私たちはどのような方策を立て、この地球規模的な危機を乗り越えていくべきなのか。このシミュレーションの中には、そのエッセンスとなるものが数多くちりばめられているが、次章でよりわかりやすく整理していきたい。ぜひともしっかりと研究し、そして実践に移していただきたい。

第五章　火山サバイバル
——それでも人類は生き延びてきた

有事の際は〝地下に潜る〟

さて、読者の皆さんは以下の数字が何を表しているかおわかりだろうか？

日本＝〇・〇二％、シンガポール＝五四％、英国＝六七％、ロシア＝七八％、米国＝八二％、ノルウェー＝九八％、イスラエル＝一〇〇％、スイス＝一〇〇％……。これが政府債務の対ＧＤＰ（国内総生産）比を表す数字であるならば、日本国民としてこの上ない喜びである。しかし、実際はそうではない。

実はこの数字、各国における人口あたりの核シェルターの普及率だ。日本人からすると核シェルターと聞いてもピンとこないかも知れないが、現実の世界では核シェルターの普及が進んでいる。記載のない国、たとえば中国、韓国、インドなどでも〝終末〟に備えた地下施設の建造が進行中だ。

各国は広島に教訓を見出している。一九四五年八月六日に米軍が原子力爆弾を無残にも投下した際、グラウンド・ゼロ（投下地点）から三〇〇メートル離れた広島銀行では、偶然にも地下金庫にいた者が助かった。そのため、各国はその後の冷戦をきっかけに地下シェルターの拡充に努めている。

中でもスイスの危機意識の高さに注目したい。よく知られているようにスイスは永世中立国であるが、第一次世界大戦の際には誤爆によって多大な被害を受けている。そのため、自衛に対する概念が非常に強い。スイスでは、いつ第三次世界大戦（核戦争）が起きても国民の安全を守れるよう、大型のビルを新築する場合は官民を問わず地下に核シェルターを設置するよう義務付けられている。かつては個人の住宅にも核シェルターの設置が義務付けられていたが、公共のシェルターが普及してきたこともあり、近年になってこの規制は緩和された。ただし、自宅にシェルターがない人は一定の費用を支払って公共のシェルターに家族分のスペースを確保しなければならない。

スイスには二〇一五年時点で学校や病院、個人の住宅などに二〇万基以上の核シェルターがあり、その他にも公共の大型シェルターが三〇基以上ある。そのため、核戦争が起きたとしても人口（八〇〇万人）の約一一四％がシェルターに避難することが可能だ。スイス大使館によると、観光客も収容できるという。

ところで、シェルターは何も核戦争だけを想定して設置しているのではない。地震や火災といった自然災害も想定している。そのため、造りは極めて頑丈だ。当然、備蓄も徹底している。スイスでは常日頃から政府、企業、家庭がそれぞれ備蓄（貯蔵）に励んでおり、全国民が約一～二年は生き延びられるだけの食料や備品が確保されているのだ。

スイスの徹底ぶりはまさに見事なものだが、「有事の際は地下に潜る」というのは世界の常識である。それが「核の冬」であろうが「火山の冬」であろうが、何かコトが起きたときに避難する場所があるというのは大切なことだ。特に最近では核戦争が現実味を帯びてきている。その点、スイスに限らず欧州圏は基本的に危機意識が高い。スウェーデンやフィンランド、ドイツなどでもシェルターの普及が進んでいる。

また、中国やロシア、シンガポール、北朝鮮といった国々では政府が中心となったシェルターの建造が盛んだ。たとえばロシアでは現在、モスクワを中心に五〇〇〇基ほどの地下シェルターが建設されている。お隣の中国でも各都市を中心に何十万人もの人が暮らせる巨大地下施設の建設が進行中だ。フランスのＡＰ通信（二〇〇六年七月三一日付）によると、上海市には約二〇万人も滞在できるシェルターが完成している。広さは延べ九万平方メートルでアパートやオフィス街、ショッピングセンターなどの設備が確認された。この他にも、重慶市の郊外に世界最大とされるシェルターの存在が明らかとなっている。

ただし、これらの国では一般家庭におけるシェルターの普及は進んでいない。当然、有事の際に助かるのは既得権を持っている者たちだけだ。しかし、「社会主義国家なのだから一般国民は見殺しは当然だろう」と馬鹿にすることなかれ。ここ日本でも、一般家庭におけるシェルターの普及はまったく進んでいない。前述した通り、人口あたりの普及率はたったの〇・〇二％である。日本は見殺しではなく、皆殺しなのだ。

日本人は地震大国に生きているだけあって、基本的に防災意識が高い。民間の調査機関が実施したアンケートによると、およそ八割もの人が「大災害に対して備えをしている」と答えている。また、東日本大震災が起きたこともあって近年では食料品などの備蓄に対する意識も向上した。しかし、なぜかシェルターの設置率は異常に低い。

繰り返し強調するが、有事の際の要諦は潜ることにある。「屋内に退避するだけで良いのでは」と思うかもしれないが、常識的に考えて地下の方がより安全だ。とりわけ火山が爆発した際は地下が重要となる。噴火の場合、たとえ窓を閉め切ったとしても、おそらく火山灰の進入を完全に遮断することはできない。火山灰が室内に入ると家電製品などを機能不全にしてしまう可能性もある。さらには目や肺を傷つけるなど身体への影響も深刻だ。火山灰はとても厄介なものであり、降灰の量にもよるが、数日間から数週間は外出できなくなることも大いに考えられる。そもそも外出しようにも飛行機、電車、車、そのすべてが利用できない。いつ何時また噴火が再開するかもわからないため、やはり地下室の存在が重要となる。

率直に言って、日本人もシェルターを設けるべきだ。丈夫なシェルターを設置すれば、火山の爆発だけでなく、津波、竜巻（台風）、地震、核戦争、それに治安が悪化した際などにも有効となる。それなりの資金が必要となるが、もし資金に余裕があるなら、地下室を作って最低でも一ヵ月は外部からの補給なしに生活ができるようにすべきだ。

スイスの例ではないが、有事の際を想定し、避難先を確保しておくことは重要である。核戦争や火山の大規模な爆発は、飛行機の事故と一緒で起きる確率は低いが起きた際に死亡する確率は極めて高い事象だ。そんな終末に備えるのは馬鹿らしいと思われればそれまでだが、やはり〝備えあれば憂いなし〟である。

米国で完売が相次ぐ「終末コンドミニアム」

最近、ここ日本でもにわかに注目を集めている米国のセキュリティ会社がある。米カリフォルニア州に本社を置く、シェルター大手の「ビボス社」だ。

社のモットーは「どんな災いからもあなたを守る」。〝どんな災い〟には、巨大噴火、地震、津波、太陽フレア（太陽で発生する爆発現象。地球を襲う可能性がある）、小惑星の衝突、核攻撃、テロ、化学兵器を使った戦争、無政府状態が含まれる。そのビボス社は、二〇一五年にドイツに「究極のシェルター」なるものを建設して注目を集めた。英デイリー・メール（二〇一五年六月一四日付）によると、建設費は一一億ドル。有事の際は約一五〇人のスタッフが常駐し、上下水道や電力供給、通風や空気ろ過、通信システムの管理を実施するため、外部からの補給なく一年を過ごすことが可能だ。シェルター内にはいくつも耐爆ドアの他に道路や酒蔵、祈祷室、教室、テレビ局といった公共施設、さらにはプールやジム、映画館、レストランがある。居住者には二三二平方メートルの部屋が割り当てられ、改装も自由だ。肝心の費用は三億円からとなっており、あくまでも富裕層が対象となっている。

このビボス社は、冷戦期の防空壕をリニューアルして現代用のシェルターを提供することで業績を上げてきた。一見すると誇大妄想者をターゲットにした怪しい商売に思えなくもないが、富裕層だけでなく安価なシェルターの供給もしており、近年は米国から世界各国に進出している。二〇一一年八月九日に朝日新聞が記事で取り上げたことによって、ここ日本でも話題を呼んだ。

こうしたシェルターは有事の際にしか入居ができず、コトが起こらなければ宝の持ち腐れとなる。また、有事の際に無事にシェルターにたどり着けるかどうかもわからない。しかも、この手の物件の購入にはほとんどの銀行が融資をしてくれないことから、現金一括での購入が求められる。しかし、それでもビボス社が販売するシェルターのほとんどが〝即完売〟という状態だ。

実際、昨今の米国ではマンションの最上階ではなく「地下」の部屋を持つことがステータスとなり始めている。

二〇一四年にはミサイル・サイロ（大型ミサイルの格納庫）を高級コンドミニアムに改造した「サバイバル・コンドミニアム・プロジェクト」が米カンザス州コンコルディアで発売された。地下五〇メートル、一五階建てで募集人数は七五人。価格は一五〇万ドル（約一億八〇〇〇万円）～三〇〇万ドル（約三億三〇〇〇万円）と極めて高額だが、それでも瞬く間に完売した。デベロッパーは二機目を建設している。

このコンドミニアムは米ウォールストリート・ジャーナルが写真特集を組んだほど、内装がシェルターとは思えないくらい豪華なのだ。写真を見る限り、窓がないというだけでそれ以外はもはや普通の超高級コンドミニアムにしか見えない。施設内にはスイミングプール、ゴルフの練習場、ロッククライミング、アスレチックジム、犬の散歩施設、学校、図書館、映画館、ラウンジ、ゲームセンターといった教養や娯楽の施設が整っている。さらには五年分の食糧に加え、地下農場や魚の養殖場まで備わっており、自給自足も可能だ。また、石油の備蓄が底を突いたときに備えて風力発電システムまである。

ニュージーランドにシェルターを確保する大富豪たち

二〇一七年一月、米国で「トランプ政権の中枢（要人）がニュージーランドに核シェルターを購入した」というニュースが飛び交った。その要人とは、ペイパル（paypal。米国を中心に世界中で普及している決済サービス）の創始者として知られ、最初に米フェイスブックへ投資したことでも有名なベンチャー・キャピタリスト、ピーター・ティール氏を指す。米ブルームバーグのビリオネア指数によると、同氏の保有資産は三二億米ドル（約三六〇〇億円）。ドナルド・トランプ政権で政権移行チームのメンバーを務め、主に政権とシリコンバレーとの橋渡し役を担っている。

米フォーブス誌（二〇一七年一月二六日付）は、ドイツ生まれで米国籍を持つティール氏がこのほどニュージーランドに核シェルターを購入したと報じた。それに先立ち、ニュージーランド・ヘラルド紙は二〇一一年にティール氏がニュージーランド国籍を取得したと報じている。この件に関しては、同氏がたった四回の訪問でニュージーランド国籍を取得したため、ニュージーランド国内でちょっとした論争となった。ヘラルド紙はまた、ティール氏がニュージーランド国内に数百万ドル規模の不動産を購入したことを突き止めている。

最近では、ワナカ湖の近くに一四五〇万ドルで一九三ヘクタールの土地を購入したようだ。

本人はこの件に関して沈黙を貫いているため真の目的は定かではないが、ティール氏の友人でありYコンビネーター（米テスラモーターズと並び称されるベンチャー企業）の代表でもあるサム・アルトマン氏は、その目的について「世界に壊滅的事態が訪れた場合に備える準備ではないか」と述べている。

ティール氏に限らず、ニュージーランドに土地や不動産を買う米国人が後を絶たない。「超富裕層にとってNZは、世界的な政治の不透明感やテロの脅威からの避難先として望ましい場所となっている」（二〇一七年二月三日付米ブルームバーグ）。また、二〇一七年一月に発行された米ニューヨーカー誌はシリコンバレーの著名人らがニュージーランドについて「スーパーリッチな人々が世界終末の日に備え、移住を検討すべき場所になっている」と述べていると伝えた。

実際、二〇一六年六月の一ヵ月間だけで一二八八人もの米国人がニュージーランドの永住権を取得している。さらには、同じ期間に学生ビザや就労ビザを取得した米国人は一万一八七三人にも上った。

地理的な孤立性がニュージーランドのネック（弱み）と言われたのは遠い昔の話であり、近年ではむしろその孤立性こそが買われている。人間よりも羊や牛の数の方が多いということば魅力なのだ。最近では、約半数のシリコンバレーの富豪がニュージーランドに避難先を購入しようと検討していると報じられている。

「資本主義体制の崩壊に対して防衛策を講じる世界的な超金持ちの間で、新たな流行になっている」——二〇一七年二月四／五日付の英フィナンシャルタイムズもこのように報じた。記事のタイトルは「ニュージーランドに世界の富豪が殺到」。わかりやすい。

記事によると、ニュージーランド政府は二〇一六年に計四六万五八六三ヘクタール相当の外国人による土地の購入を承認した。これは前年実績のほぼ六倍に相当するという。移住者の純流入数も過去最高の七万五八八人に達した。

私からするとこれは驚くに値しない。ご存知の方もいるだろうが、私はニュージーランドが〝避難先バブル〟に突入するはるか以前からニュージーランドの孤立性に注目していた。ニュージーランドにも破局噴火を起こし得る山やカルデラがあるため、未来永劫一〇〇%安心と断言はできないが、それでも富裕層たちが注目しているように、安全性の高さは他の地域を圧倒している。北半球で破局噴火が起きてもニュージーランドにおける寒冷化の影響は最小限に抑えられるとするデータもあるほどだ。

ぜひ、お金に余裕があるという方は避難先としてのニュージーランドに注目していただきたい。私はニュージーランドに土地を不動産を買うことは、現時的な選択肢だと本気で思っている。

ニュージーランドといった避難先や、前項で取り上げた高級シェルターなどは現在、世界中で需要が拡大しているが、お金持ちだけが終末から逃れられるということでは決してない。そこまで予算がなくとも、備えを徹底することで大規模な災害を乗り越えることは誰にでもできる。ニュージーランドを一度訪れて、人脈を作っておくだけでもよい。私自身が主催する「ニュージーランド視察ツアー」はそうした目的達成にはうってつけだ。そこで、次項では米国を筆頭に世界中で増殖している「プレッパー」なる人たちの日常の取り組みを紹介したい。

世界の終末に備える人たち

皆さんは、現在、世界中で増えている「プレッパー」と呼ばれる人たちをご存知だろうか？　ここ日本でも最近はテレビなどで紹介されるため知っている人もいるかもしれないが、プレッパーとは、有事や生活形態の変化に備えて事前からプレップ（備え）をする人たちを指す。

一見すると過激とも言える備えを講じることで知られる彼らは、あくまでもごく普通の米国市民だ。特に思想が偏っているということでもない。ただし、カオス（混沌）到来に対する危機意識が極めて強く、同じような考えを持つ人たちと普段から連絡を取り合うなどして、独特のコミュニティを形成している。

彼らのような存在は、二〇〇五年に米ルイジアナ州に甚大な被害をもたらしたハリケーン・カトリーナをきっかけとして増え始めたようだ。「外部の支援は当てにならない」と判断した彼らは、かつて米陸軍で情報将校を務めたジェームズ・ローウェルズ氏が立ち上げた人気サイト「survivalblog.com」などから情報を収集、徹底的な備えを講じるに至る。そして、ナショナルジオグラフィックが特集したことで、プレッパーの存在は世間に知れ渡った。その数は全米だけで少なくとも三〇〇万人はいるとされ、現在では世界中で増えている。

前述したように、彼らの対策は過激だ。まず、常日頃から食糧危機の到来に備えて水や食糧を貯め込む。二週間分の食糧など少ない方で、一～二年分の備蓄は当たり前だ。その他、生活に困らないためのありとあらゆる備品、それにガスマスク、防護服、さまざまな医薬品、さらには一年分の燃料までをも備蓄する。自給自足のために農園を作る人も珍しくない。そして水のろ過システムや発電システムも設置する。

シェルターの設置も必須だ。彼らプレッパーは有事の際は「引きこもった者が勝つ」と考えており、シェルターの換気口は普段からメンテナンスを心がけている。ただし、中には予算や土地の問題でシェルターの設置ができない人も少なくない。そういう人たちは家を徹底的に補強する。その場合、とにかく隙間を埋めることが大事なようだ。

そして、これは米国人にしかできないことだが、プレッパーは武装にも余念がない。少し物騒な話だが、銃や弾薬、ライフル、防弾チョッキなどを備蓄し、普段から射撃や護身術の習得にも取り組んでいる。「少々やりすぎでは？」と思うかもしれないが、全米で三〇〇万人以上もいるだけあって、備えの方法はあくまでも人それぞれだ。中には、趣味として楽しみながら備えに取り組んでいる人も多くいるという。しかし、何事も意識することが大事だ。外部の支援は当てにならないと割り切り、自助の努力を徹底する姿勢は尊敬に値する。

「日常が奪い去られる可能性がある」と聞いたとき、人はどう思うだろうか？ほとんどの人は「まさか日常が奪い去られることはない」と楽観視することだろう。しかし歴史を振り返ると、日常が奪い去られる事態は幾度となく起きてきた。私たちの世代で経験していないだけで、災害や戦争は時に容赦なく日常を奪い去る。

私たちが生きているうちにそういったパラダイムシフトに直面するかどうかは別にして、単純な話、備えはないよりあった方が必ず良い。なにしろ、あっても困らないだろう。そして、実際に事が起きたときは「準備をしておいて本当に良かった」と思うはずだ。プレッパーたちのように、最善を尽くすことが何より重要である。

火山サバイバル

本章の最後に、私がお勧めする火山サバイバル術を紹介しておきたい。イタリアのカンピ・フレグレイがＶＥＩ７の爆発を起こしたとしよう。

まず、これは噴火する以前の話だが、専門家らが「（噴火の）臨界点に達する可能性がある」と警告している山（カルデラ）には、常識的に考えて近づかない方がよい。仕事などでどうしても行かなくてはならない場合は仕方ないが、カンピ・フレグレイの周辺に限らずイタリアへの渡航はなるべく避けるべきだ。旅行でわざわざ紛争地に行く人はいないだろう。

仮にすぐ近くで大規模な噴火が起きた場合、正直なところ助かる見込みはない。ＶＥＩ６～７の爆発になると、火砕流は有無を言わさずすべてを呑み込む。万が一、近くに地下シェルターがあって入れたとしよう。その場合、一時的には命を取り留められるかもしれないがシェルターの入り口を火砕流がふさいでしまう可能性が高く、そこから出られる保証はない。やはり、大規模な噴火を起こす恐れのある山と地域には近づかない方が無難だ。

火砕流が届く地域にいなくとも降灰の可能性がある場合は、防災ヘルメット、防災ゴーグル、防災（粉塵）マスクを着用する必要がある。ない場合はハンカチや衣服で鼻と口を覆う。フィリピンのピナトゥボ山が噴火したときと同様、大規模な爆発の際は事前に警告がなされる場合が多い。そのため、警告が発せられた場合は防災ヘルメット、防災ゴーグル、防災（粉塵）マスクを常に携帯しておくことが肝要だ。また、衣類は肌の露出がないものを着た方がよい。

降灰が激しい地域では空路、陸路の両方が停止する可能性が高いため、現地でのサバイバルを覚悟する必要がある。だからこそ、備えが重要なのだ。陸路が遮断されるということは、物資が滞る可能性があることを意味する。しかも、降灰は最悪の場合で数週間から数ヵ月は続く。

シェルターがある場合は、シェルターの中で生活するのが良い。シェルターがない場合は、徹底的に家を補強する必要がある。とにかく、家の中にある隙間という隙間をくまなく埋めなくてはならない。またシェルターも含め、火山灰による呼吸不全を防ぐために換気口の掃除を徹底する必要がある。

何とか噴火を乗り切ったとしても、VEI7クラスの爆発の場合は、次なるサバイバルに備えなくてはならない。そう、「火山の冬」の到来だ。

まず、原油価格が高騰するであろうから世界中でインフレが猛威を振るう。食料品の暴騰も必至だ。とりわけ日本はエネルギー、食糧ともに自給率が極端に低いため、莫大な貿易赤字を計上するだろう。国際収支に赤信号が灯れば、

火山灰が降り積もる領と被害の度合い

1cm以下	JRなどの電車が止まる可能性。 飛行機が運行できない可能性。 稲作が1年間収穫できなくなる可能性。
1cm〜	道路が滑りやすくなったり、 視界不良などで交通に支障をきたす。 停電が発生する可能性。
2cm〜	一般の人でも目・鼻・喉など 気管支の健康被害が起きる可能性。 畑の作物が1年間収穫できなくなる可能性。
7.5cm〜	頑丈でない建物の屋根が崩壊する可能性
30cm〜	雨が降った場合、 重みが増して家屋が崩壊の可能性
45cm〜	木造家屋が崩壊の可能性
100cm〜	森林の壊滅的被害 住宅の破壊などの可能性

内閣府(防災担当)、消防庁、国土交通省水管理・国土保全局砂防部、気象庁「火山防災マップ作成指針」より

※1cm以下の微量の火山灰でも、コンピュータに支障が起きたり、太陽光発電ができなくなる、物流に支障をきたす、といった、現代の都会ならではの災害が起きることが予想されます。

いよいよ日本円が暴落する可能性が高い。これは円安（インフレ）スパイラルをもたらす。

こうした事態には米ドルの現金および、金の現物（なるべくコイン）を保有することで備えるしかない。ただし、「火山の冬」の場合は絶対的に食糧が不足するため、たとえ購買力があったとしても食事にありつけないという事態も考えられる。やはり、究極のリスクヘッジは〝地下に家庭菜園を築いておくこと〟だ。

前項のプレッパーではないが、数年分の食糧を用意しておくことでも危機を回避できる。スペースの都合などでそれができない場合は、せめて蜂蜜（特に殺菌能力があるニュージーランド産のマヌカハニーが良い）、塩、水だけでも備蓄しておくことだ。

太陽光が長期間にわたって遮断されることも想定しておかなければならない。まず、発電システムを用意しておくならば、太陽光ではなく絶対的に風力だ。また、降灰と太陽光の遮断によって極端な衛生面の低下が心配される。歴史を教訓とすると、「火山の冬」は疫病を流行らせるはずだ。これに対抗するには免疫力を高めるしかない。ビタミンＣやビタミンＤなどのサプリメント、さらには近年注目を集めているレスベラトロールのサプリメントも必須だ。サプリメントは保管に適しているため、少なくとも三年分は備蓄しておくと良いだろう。また、「火山の冬」は文字通り地球を寒冷化させるため、防寒着が必要となる。日光浴ができなくなるため、日焼けマシーンなどは重宝されるかもしれない。

ここまで簡単に火山サバイバル術を紹介してきたが、火山の大規模な爆発は爆発そのものの被害に加え、その後の寒冷化に対する備えが必要となる。過去の事例を見ればわかる通り、それは生半可な変化ではない。もはや現代の科学技術を持ってしても、簡単に克服することはできないだろう。

しかし、よくよく考えてみてほしい。私たちが今こうして生きていられるのは、私たちの祖先が幾度もあった絶滅の危機を乗り越えてきたためだ。すなわち、私たちの体内には何万年もの間に培われたサバイバルのＤＮＡが備わっているのだ。

災害に限らずとも、私たちの世代で経験したことのない変化が近い将来に待ち構えている可能性は決して低くない。そのときのためにも歴史に学び、備えをしておくことが肝心だ。何が起ころうとも困難を切り抜け次世代に命をつなぐことは、今を生きる私たちに課せられた使命である。

エピローグ

一〇人に一人の生存者になれるか⁉

私たちの住むこの日本も、一九九三年の雲仙普賢岳の大火砕流、一九九五年の阪神大震災、そして二〇一一年の忘れもしない東日本大震災と、この二十数年にわたって巨大な天災に悩まされ続けてきた。そして、最近の熊本大地震も「実はもっと大きな災害の前兆ではないか」と専門家の間では秘かにうわさされている。つまり、三〇メートルの津波を伴う「東南海巨大地震」か「阿蘇山大噴火」である。

かつて日本の考古学者たちは、ある地層の発掘にからんで首をかしげ続けてきた。つまり、鹿児島から熊本にかけての広大な地域において七三〇〇年前頃に黒こげになったすさまじい地層が見つかり続けたのだ。しかも、その直前まであった古代人の文明の生きた痕跡が、その黒こげになった悲惨な地層の後、長きにわたって跡形もないのだ。

その後の調査で、実はその七三〇〇年前に鹿児島の南、屋久島近くの海中で鬼界カルデラの巨大火山が大噴火し、すさまじい規模の火砕流によって人間だけでなく、すべての生物が一瞬で焼き尽くされるという大惨事が発生していたことがわかった。まさに、ポンペイの数十万倍の規模の巨大噴火と火砕流だったことが想像できる。

実は、人類を含む地球上に住むすべての生物は巨大噴火との命がけの生き残りゲームを闘い続けてきたと言ってよい。それによって多くの種が絶滅し、今の生態系を残した。平均して約一万年に一度のペースで、私たち人類もそのすさまじい試練に遭遇してきた。

最近のめざましいスーパーコンピュータの発展により、人類はついに自らの生命の秘密であるヒトゲノム（人間自身のＤＮＡ）のすべての解明に成功した。ところがその分析によって、一つのおそるべき事実が判明した。実は人類は現在七〇億人もいるが、今から七万四〇〇〇年前には「わずか一万人」だったらしい。そうでないと計算が合わないのだ。しかも、その直前には地球上には一〇〇〇万人近い人類が平和な生活をしていたのだ。

では、その時何が起こったのか。そのナゾを解くカギは実はシンガポールのすぐ近くに今でも残っている。ニューヨークに匹敵する摩天楼のそびえ立つシンガポールからマラッカ海峡をはさんですぐ西に、巨大なスマトラ島がある。その北部に不気味にたたずむ巨大な「トバ湖」。それが人類を七万四〇〇〇年前に絶滅の危機にまで追いやった真犯人だ。つまり、その時の想像を絶する巨大噴火の結果できたのが、この湖なのだ。

おそらくその時生き残った数千人というのは、たまたま逃げ込んだ洞窟にコウモリなどの食に適した生物が多く住んでいて、水もあったのだろう。

では、あの「カンピ・フレグレイ」が大噴火した時、あなたはその数千人あるいは七〇億人の一〇分の一の七億人に入ることができるだろうか。

いずれにしても、あなた自身と大切な家族のために、多少何かの備えをしておいた方が良さそうである。コトが始まってからでは、食糧その他の入手はほぼ不可能と言ってよい。孔子の「衣食足って礼節を知る」の言葉の通り、食べる物がなくなれば、人間はかつての獣《けだもの》に戻って、どんな事でもするものだ。

その時になって後悔しないように、準備だけはしておこう。やはり、「賢者は最悪を想定しつつ、楽観的に行動する」のである。

二〇一七年三月吉日

浅井　隆

■なお、続刊「新人類の祖先の物語」を二〇一七秋～冬に発刊する予定である。そこで詳しいサバイバルの方策を公開する。そこまで待てないという方のために、六月八日に東京で「火山噴火のための緊急サバイバルレクチャー」を開催する予定である。ぜひ、ご参加いただきたい。何しろ、すべて〝早い者勝ち〟だからである。

浅井隆からの重要なお知らせ
——災害・国家破産を生き残るための具体的ノウハウ

大自然の驚異に対して備える

本文でも書いた通り、イタリアのナポリ西方にあるカルデラ「カンピ・フレグレイ」（Campi Flegrei）に「再び目覚めつつある兆候」が見られるという研究論文が発表されました。イタリアでは「地獄への入口」と呼ばれ、恐れられているこの火山で大規模な噴火が起これば、周辺のみならず世界規模の気候変動が引き起こされ、全世界が破滅に追い込まれる可能性があります。

これからは国家破産だけでなく、大自然の驚異に対しても備えなければなりません。

そこで、二〇一七年六月八日（木）「火山噴火のための緊急サバイバルレクチャー」を緊急開催いたします。

参加をお申し込みの方は、㈱第二海援隊

TEL：〇三（三二九一）六一〇六

FAX：〇三（三二九一）六九〇〇

ホームページ：http://www.dainikaientai.co.jp/

よりお申し込みください。

東日本大震災が発生して六年という年月が経過いたしました。『災難は忘れた頃にやってくる』。私たち日本人の悪いところは、時間が経つと意識が薄れてしまうことです。そこで（株）第二海援隊では防災サバイバル担当として小林勝を任命しました。3・11の教訓を生かせる最新のサバイバル商品や情報をご提供してまいります。浅井隆自身も自宅に備蓄している長期保存可能な美味しい非常食や水、お薦めの災害サバイバルグッズなどをご案内いたします。ご興味のある方はお気軽に担当の小林までお問い合わせ下さい。

厳しい時代を賢く生き残るために必要な情報収集手段

この本ではほとんど触れませんでしたが、日本国政府の借金は先進国中最悪で、GDP比二五〇%に達し、太平洋戦争終戦時を超えて、いつ破産してもおかしくない状況です。というわけで、国家破産へのタイムリミットが刻一刻と迫りつつある中、ご自身のまたご家族の老後を守るためには二つの情報収集が欠かせません。一つは「国内外の経済情勢」に関する情報収集、もう一つは「海外ファンド」に関する情報収集です。これについては新聞やテレビなどのメディアやインターネットでの情報収集だけでは絶対に不十分です。私はかつて新聞社に勤務し、以前はテレビに出演をしたこともありますが、その経験からいえることは「新聞は参考情報。テレビはあくまでショー（エンターテインメント）」だということです。インターネットも含め誰もが簡単に入手できる情報で、これからの激動の時代を生き残って行くことはできません。

皆様にとってもっとも大切なこの二つの情報収集には、第二海援隊グループ

（代表　浅井隆）で提供する「会員制の特殊な情報と具体的なノウハウ」をぜひご活用下さい。

〝国家破産対策〟の入口「経済トレンドレポート」

最初にお勧めしたいのが、浅井隆が取材した特殊な情報をいち早くお届けする「経済トレンドレポート」です。浅井および浅井の人脈による特別経済レポートを年三三回（一〇日に一回）格安料金でお届けします。経済に関する情報提供を目的とした読みやすいレポートです。新聞やインターネットではなかなか入手できない経済のトレンドに関する様々な情報をあなたのお手元へ。さらに国家破産に関する『特別緊急情報』も流しております。「国家破産対策をしなければならないことは理解したが、何から手を付ければ良いかわからない」という方は、まずこのレポートをご購読下さい。レポート会員になられますと、様々な割引・特典を受けられます。

詳しいお問い合わせ先は、㈱第二海援隊

TEL：〇三（三二九一）六一〇六
FAX：〇三（三二九一）六九〇〇

具体的に〝国家破産対策〟をお考えの方に

そして何よりもここでお勧めしたいのが、第二海援隊グループ傘下で独立系の投資助言・代理業を行なっている「株式会社日本インベストメント・リサーチ」（関東財務局長（金商）第九二六号）です。この会社で二つの魅力的な会員制クラブを運営しております。私どもは、かねてから日本の国家破産対策のもっとも有効な対策として海外のヘッジファンドに目を向けてきました。そして、この二〇年にわたり世界中を飛び回りすでにファンドなどの調査に莫大なコストをかけて、しっかり精査を重ね魅力的な投資・運用情報だけを会員の皆様限定でお伝えしています。これは、一個人が同じことをしようと思っても無理な話です。また、そこまで行なっている投資助言会社も他にはないでしょう。投資助言会社も、当然玉石混淆であり、特に近年は少なからぬ悪質な会社に対して、当局の検査の結果、業務停止などの厳しい処分が下されています。しかし「日本インベストメント・リサーチ」は、すでに二度当局による定期検査を受けていますが、行政処分どころか大きな問題点はまったく指摘されませんでした。これも誠実な努力に加え、厳しい法令順守姿勢を貫いていることの結果であると自負しております。

私どもがそこまで行なうのには理由があります。私は日本の「国家破産」を憂い、会員の皆様にその生き残り策を伝授したいと願っているからです。その生き残り策がきちんとしたものでなければ、会員様が路頭に迷うことになります。ですから、投資案件などを調査する時に一切妥協はしません。その結果、私どもの「ロイヤル資産クラブ」には多数の会員様が入会して下さり、「自分年金クラブ」と合わせると数千名の顧客数を誇り、今では会員数がアジア最大と言われています。

このような会員制組織ですから、それなりに対価をいただきます。ただそれで、私どもが十数年間、莫大なコストと時間をかけて培ってきたノウハウを得られるのですから、その費用は決して高くないという自負を持っております。まだクラブにご入会いただいていない皆様には、ぜひご入会いただき、本当に価値のある情報を入手して国家破産時代を生き残っていただきたいと思います。そして、この不透明な現在の市場環境の中でも皆様の資産をきちんと殖やしていただきたいと考えております。

一〇〇〇万円以上を海外投資へ振り向ける資産家の方向け「ロイヤル資産クラブ」

「ロイヤル資産クラブ」のメインのサービスは、数々の世界トップレベルのファンドの情報提供です。特に海外では、日本の常識では考えられないほど魅力的な投資案件があります。

ジョージ・ソロスやカイル・バスといった著名な投資家が行なう運用戦略としておなじみの「グローバル・マクロ」戦略のファンドも情報提供しています。この戦略のファンドの中には、株式よりも安定した動きをしながら、目標年率リターンが一〇％～一五％程度のものもあります。また、二〇〇九年八月～二〇一六年一二月の七年超で一度もマイナスになったことがなく、ほぼ一直線で年率リターン七・五％（米ドル建て）と安定的に推移している特殊なファンドや目標年率リターン二五％というハイリターン狙いのファンドもあります。もちろん他にもファンドの情報提供を行なっておりますが、情報提供を行なうファンドはすべて現地に調査チームを送って徹底的に調査を行なっております。

また、ファンドの情報提供以外のサービスとしては、海外口座の情報提供と国家破産対策についての具体的な資産分散の助言を行なっております。

海外口座は、総合的に見て日本人が使い勝手がよく、カントリーリスクの心配もほとんどない、財務体質がしっかりしている銀行の情報を提供しています。銀行の所在地はシンガポール、ニュージーランド、そしてハワイ（アメリカ）の三ヵ所です。邦銀では外国人観光客の口座開設が不可能なように、外国の銀行も誰でもウェルカムというわけではありません。しかも共同名義での開設が可能など邦銀とまったくシステムが違いますので、しっかりした情報が必要です。

国家破産対策の具体的な方法としましては、金や外貨預金、外貨キャッシュの持ち方、今話題のBTC（ビットコイン）についてなど幅広い情報で皆様の資産保全のサポートをいたします。

他にも、現在保有中の投資信託の評価と分析、銀行や金融機関とのお付き合いの仕方のアドバイス、為替手数料やサービスが充実している金融機関についてのご相談、生命保険の見直し・分析、不動産のご相談など、多岐にわたっております。金融についてありとあらゆる相談が「ロイヤル資産クラブ」ですべて受けられる体制になっています。

詳しいお問い合わせ先は「ロイヤル資産クラブ」

TEL：〇三（三二九一）七二九一
FAX：〇三（三二九一）七二九二

一般の方向け「自分年金クラブ」

一方で、「自分年金クラブ」では「一〇〇〇万円といったまとまった資金はないけど、将来に備えてしっかり国家破産対策をしたい」という方向けに、比較的「海外ファンド」の中では小口（最低投資金額が約三〇〇万円程度）で、かつ安定感があるものに限って情報提供しています。

このような安定感を持つファンドの中に、年率リターン九・二％（二〇一一年九月～二〇一六年一二月）とかなりの収益を上げている一方で、一般的な債券投資と同じぐらいの安定感を示しているものもあります。債券投資並みの安定感で、年率リターンが約九％もあることには驚きます。また海外口座の情報提供や国家破産対策についての具体的な資産分散の助言、そして国家破産時代の資産防衛に関する基本的なご質問にもお答えしておりますので、初心者向きです。

詳しいお問い合わせ先は「自分年金クラブ」

TEL：〇三（三二九一）六九一六

FAX：〇三（三二九一）六九九一

※「自分年金クラブ」で情報提供を行なっているすべてのファンドは、「ロイ

ヤル資産クラブ」でも情報提供を行なっております。

投資助言を行なうクラブの最高峰「プラチナクラブ」

会員制組織のご紹介の最後に「プラチナクラブ」についても触れておきます。メインのサービスは、「ロイヤル資産クラブ」と同じで、数々の世界トップレベルのファンドの情報提供です。ただ、このクラブは第二海援隊グループが行なう投資・助言業の中で最高峰の組織で、五〇〇〇万円以上での投資をお考えの方向けのクラブです（五〇〇〇万円以上は目安で、なるべくでしたら一億円以上が望ましいです。なお、金融資産の額をヒヤリングし、投資できる金額が二〇万〜三〇万米ドル（二〇〇〇万〜三〇〇〇万円）までの方は、原則プラチナクラブへの入会はお断りいたします）。

ここでは、ロイヤル資産クラブでも情報提供しない特別で稀少な世界トップレベルのヘッジファンドを情報提供いたします。皆様と一緒に「大資産家」への道を追求するクラブで、具体的な目標としまして、「一〇年で資金を四倍〜六倍（米ドル建て）」「二倍円安になれば八倍〜一二倍」を掲げています。当初八〇名限定でスタートし、お申し込みが殺到したことでいったん枠がいっぱいになっていましたが、最近二〇名の追加募集をしております。ご検討の方はお早目のお問い合わせをお願いいたします。

詳しいお問い合わせ先は「㈱日本インベストメント・リサーチ」

TEL：〇三（三二九一）七二九一

FAX：〇三（三二九一）七二九二

海外移住・留学をお考えの方に

『浅井隆と行くニュージーランド視察ツアー』

南半球の小国でありながら独自の国家戦略を掲げる国、ニュージーランド。浅井隆が二〇年前から注目してきたこの国が今、「世界でもっとも安全な国」として世界中から脚光を浴びています。核や自然災害の驚異、資本主義の崩壊に備え、世界中の大富豪がニュージーランドに広大な土地を購入し、サバイバル施設を建設しています。さらに、財産の保全先（相続税、贈与税、キャピタルゲイン課税がありません）、移住先としてもこれ以上の国はないかもしれません。

そのニュージーランドを浅井隆と共に訪問する、「浅井隆と行くニュージーランド視察ツアー」を二〇一七年一一月に開催致します（その後も毎年一一月の開催を予定しております）。現地では浅井の経済最新情報レクチャーもございます。内容の充実した素晴しいツアーです。是非、ご参加下さい。

イギリスEU離脱で混沌とする欧州を体感する特別なツアー

第二海援隊では「一生に一度の旅シリーズ」として毎年、浅井が注目する国・地域へ訪問しています。二〇一六年六月には南米ツアーを行ない、現在経済危機に面しているブラジル、過去国家破産を起こした国アルゼンチンを訪問し、貴重な体験をしてきました。そして、二〇一七年は欧州のポーランドを訪問するツアーを行ないます。

ポーランドはＥＵ加盟国でありながらユーロを導入していない数少ない国です。しかし、経済は堅調に推移しており、ユーロ導入を自ら見送っている国です。二〇一六年六月に同じくユーロ導入していないイギリスがＥＵ離脱を決めましたが、この出来事を同じ立場のポーランドはどのように感じているのでしょうか。今、欧州に流れている空気を肌で体験し、欧州が今後進む方向性を考えるツアーを開催します。

なお、現在このツアーでポーランドの魅力を存分に堪能できるよう、鋭意企画中です。ポーランドでもっとも美しい古都クラクフを訪問し、街角の素敵なカフェで一息。ショパンが半生を過ごした歴史あるワルシャワの街で、ショパンゆかりの地を巡ります。また、各滞在地では最高級ホテル、食事を手配いたします。まさに「一生に一度の旅シリーズ」にふさわしい豪華なツアーとなることでしょう。日程は二〇一七年六月一五日～二二日を予定しています。

ツアーに関する詳しいお問い合わせ先は「㈱日本インベストメント・リサーチ」

ＴＥＬ：〇三（三二九一）七二九一

FAX：〇三（三二九一）七二九二

浅井隆講演会、国家破産対策、インターネット情報

浅井隆のナマの声が聞ける講演会

著者・浅井隆の講演会を開催いたします。二〇一七年は福岡・四月二一日（金）、名古屋・四月二八日（金）、広島・五月一二日（金）、大阪・五月二〇日（土）、東京・五月二七日（土）、札幌・六月二日（金）、大阪・一〇月二〇日（金）、名古屋・一〇月二七日（金）、東京・一〇月二八日（土）を予定しております。国家破産の全貌をお伝えすると共に、生き残るための具体的な対策を詳しく、わかりやすく解説いたします。

いずれも、活字では伝わることのない肉声による貴重な情報にご期待下さい。

第二海援隊ホームページ

また、第二海援隊では様々な情報をインターネット上でも提供しております。詳しくは「第二海援隊ホームページ」をご覧下さい。私ども第二海援隊グループは、皆様の大切な財産を経済変動や国家破産から守り殖やすためのあらゆる情報提供とお手伝いを全力で行なっていきます。

※また、このたび浅井隆とスタッフによるコラム「天国と地獄」を始めました。経済を中心に、長期的な視野に立って浅井隆の海外をはじめ現地生取材の様子をレポートするなど、独自の視点からオリジナリティ溢れる内容をお届けします。

改訂版!!「国家破産秘伝」「ファンド秘伝」必読です

浅井隆が世界をまたにかけて収集した、世界トップレベルの運用ノウハウ（特に「海外ファンド」に関する情報満載）を凝縮した小冊子を作りました。実務レベルで基礎の基礎から解説しておりますので、本気で国家破産から資産を守りたいとお考えの方は必読です。ご興味のある方は以下の二ついずれかの方法でお申し込み下さい。

①現金書留にて一〇〇〇円（送料税込）と、お名前・ご住所・電話番号および「別冊秘伝」希望と明記の上、弊社までお送り下さい。

②一〇〇〇円分の切手（券種は、一〇〇円・五〇〇円・一〇〇〇円に限ります）と、お名前・ご住所・電話番号および「別冊秘伝」希望と明記の上、弊社までお送り下さい。

郵送先　〒一〇一—〇〇六二　東京都千代田区神田駿河台二—五—一
住友不動産御茶ノ水ファーストビル八階
株式会社第二海援隊「別冊秘伝」係
TEL：〇三（三二九一）六一〇六
FAX：〇三（三二九一）六九〇〇

破綻国家アルゼンチンでの特別取材DVD発売

国家破産した国の庶民は、どのような苦境に陥り、そしていかにサバイバルしたのでしょうか。来たるべき日本国破産への備えを万全にするには、国家破産時の庶民の実態を知ることが極めて重要です。

浅井隆は、二〇年以上にわたって数々の破綻国家を訪れ、現地の調査と綿密な取材を行なってきました。そして二〇一六年六月、ついにアルゼンチンの国家破産時の実態を知るべく現地取材を敢行しました。二〇〇一年に国家破産したアルゼンチンは、約六〇年前に日本から多くの移民を受け入れています。今回、この移民一世の日本人の方に特別インタビューを行ない、国家破産の実態に迫りました。庶民を襲った信じられない出来事とは？　そして人々はいかにして苦境を乗り越えたのか？

今回、国家破産に関心を寄せる方のために、この貴重なインタビューの様子を収録した「アルゼンチン国家破産特別取材ＤＶＤ」を発売いたしました。書籍からだけでは知ることのできない、国家破産を生き残る上で重要なヒントが凝縮された特別インタビューです。

詳しいお問い合わせ先は　「㈱第二海援隊」
ＴＥＬ：〇三（三二九一）六一〇六
ＦＡＸ：〇三（三二九一）六九〇〇

＊以上、すべてのお問い合わせ、お申し込み先・㈱第二海援隊
ＴＥＬ：〇三（三二九一）六一〇六
ＦＡＸ：〇三（三二九一）六九〇〇
Ｅメール　info@dainikaientai.co.jp
ホームページ　http://www.dainikaientai.co.jp

〈参考文献〉

【新聞・通信社】

『日本経済新聞』『朝日新聞』『ブルームバーグ』『ＡＰ通信』
『フィナンシャルタイムズ』『ニュージーランド・ヘラルド』

【書籍】

『パーフェクト図解 地震と火山』（鎌田浩毅監修　学研パブリッシング）
『歴史を変えた火山噴火 ―自然災害の環境史―』（石弘之　刀水書房）
『世界の火山災害』（村山磐　古今書院）
『ＮＨＫスペシャル 日本人はるかな旅 第２巻 巨大噴火に消えた黒潮の民』
（ＮＨＫスペシャル「日本人」プロジェクト編、日本放送出版協会）
『大噴火の恐怖がよくわかる本』（グループＳＫＩＴ編著・高橋正樹監修、ＰＨＰ研究所）

【論文】

『首都直下地震がマクロ経済に及ぼす影響についての分析』
（佐藤 主光・小黒 一正　内閣府経済社会総合研究所）

【拙著】

『２０１４年日本国破産〈対策編②〉』（第二海援隊）

【その他】

『週刊ポスト』

【ホームページ】

フリー百科事典『ウィキペディア』
『ナショナルジオグラフィック日本版』『気象庁』
『防災科学技術研究所』『九州大学総合研究博物館』
『静岡大学防災総合センター 小山真人研究室』
『神戸新聞ＮＥＸＴ』『iRONNA（産経デジタル）』
『ＡＦＰ　ＢＢニュース』『J-CAST ニュース』『AB-ROAD』
『レコードチャイナ』『ライブドアニュース』『グーグルマップ』
『ウォールストリートジャーナル』『デイリー・メール』
『フォーブス』『ニューヨーカー』『企業実務オンライン』
『世界史講義録』『世界史の窓』『アクロティリ遺跡と博物館』
『サントリーニ島、謎のミノア文明』『探検コム』『TOCANA』

〈著者略歴〉

浅井　隆　(あさい　たかし)

経済ジャーナリスト。1954 年東京都生まれ。学生時代から経済・社会問題に強い関心を持ち、早稲田大学政治経済学部在学中に環境問題研究会などを主宰。一方で学習塾の経営を手がけ学生ビジネスとして成功を収めるが、思うところあり、一転、海外放浪の旅に出る。帰国後、同校を中退し毎日新聞社に入社。写真記者として世界を股に掛ける過酷な勤務をこなす傍ら、経済の猛勉強に励みつつ独自の取材、執筆活動を展開する。現代日本の問題点、矛盾点に鋭いメスを入れる斬新な切り口は多数の月刊誌などで高い評価を受け、特に 1990 年東京株式市場暴落のナゾに迫る取材では一大センセーションを巻き起こす。その後、バブル崩壊後の超円高や平成不況の長期化、金融機関の破綻など数々の経済予測を的中させてベストセラーを多発し、1994 年に独立。1996 年、従来にないまったく新しい形態の 21 世紀型情報商社「第二海援隊」を設立し、以後約 20 年、その経営に携わる一方、精力的に執筆・講演活動を続ける。2005 年 7 月、日本を改革・再生するための日本初の会社である「再生日本 21」を立ち上げた。主な著書:『大不況サバイバル読本』『日本発、世界大恐慌！』(徳間書店)『95 年の衝撃』(総合法令出版)『勝ち組の経済学』(小学館文庫)『次にくる波』(PHP 研究所)『Human Destiny』(『9・11 と金融危機はなぜ起きたか !?〈上〉〈下〉』英訳)『あと 2 年で国債暴落、1 ドル = 250 円に !!』『東京は世界 1 バブル化する！』『株は 2 万 2000 円まで上昇し、その後大暴落する !?』『円もドルも紙キレに！　その時ノルウェークローネで資産を守れ』『あと 2 年』『円崩壊』『驚くべきヘッジファンドの世界』『いよいよ政府があなたの財産を奪いにやってくる !?』『2017 年の衝撃〈上〉〈下〉』『ギリシャの次は日本だ！』『すさまじい時代〈上〉〈下〉』『世界恐慌前夜』『あなたの老後、もうありません！』『日銀が破綻する日』『マイナス金利でも年 12% 稼ぐ黄金のノウハウ』『ドルの最後の買い場だ！』『預金封鎖、財産税、そして 10 倍のインフレ !!〈上〉〈下〉』『トランプバブルの正しい儲け方、うまい逃げ方』(第二海援隊) など多数。

世界沈没——地球最後の日

2017年3月30日　初刷発行

著　者　浅井　隆
発行者　浅井　隆
発行所　株式会社　第二海援隊
〒101-0062
東京都千代田区神田駿河台２-５-１　住友不動産御茶ノ水ファーストビル８Ｆ
電話番号　03-3291-1821　　FAX番号　03-3291-1820
印刷・製本／株式会社シナノ

 ISBN978-4-86335-178-3

Printed in Japan

第二海援隊発足にあたって

日本は今、重大な転換期にさしかかっています。にもかかわらず、私たちはこの極東の島国の上で独りよがりのパラダイムにどっぷり浸かって、まだ太平の世を謳歌しています。

しかし、世界はもう動き始めています。その意味で、現在の日本はあまりにも「幕末」に似ているのです。ただ、今の日本人には幕末の日本人と比べて、決定的に欠けているものがあります。それこそ、志と理念です。現在の日本は世界一の債権大国（＝金持ち国家）に登り詰めはしましたが、人間の志と資質という点では、貧弱な国家になりはててしまいました。それこそが、最大の危機といえるかもしれません。

そこで私は「二十一世紀の海援隊」の必要性を是非提唱したいのです。今日本に必要なのは、技術でも資本でもありません。志をもって大変革を遂げることのできる人物と、それを支える情報です。まさに、情報こそ〝力〟なのです。そこで私は本物の情報を発信するための「総合情報商社」および「出版社」こそ、今の日本にもっとも必要と気付き、自らそれを興そうと決心したのです。

しかし、私一人の力では微力です。是非皆様の力をお貸しいただき、二十一世紀の日本のために少しでも前進できますようご支援、ご協力をお願い申し上げる次第です。

浅井　隆